KB200813

대화식 말씀기도

말씀으로 엮어가는 주님과의 친밀한 대화

대화식 말씀 기도

구인유 지음

규장

기도, 노동인가 기쁨인가?

"먹을 것 없는 제사에 절만 많다" 혹은 "먹지도 못하는 제사에 절만 죽도록 한다"라는 속담이 있습니다. 만일 신앙생활이 이와 같다면 참 딱한 일이지요. 2010년 겨울, 17년간 하나님을 믿어온 제 현주소가 이와 같았습니다. 기쁨이 점점 옅어지면서 교회와 목회자들, 함께 믿는 모든 형제자매와 잠시 떨어져 있고 싶었습니다.

무엇보다 첫 기쁨이 사라져버린 기도를 어떻게든 계속해야 한다는 게 힘들었어요. 또한 강제 노역을 시키듯 뚜렷한 이유나 방법 없이 기도만 강조하는 설교도 받아들이기 어려웠습니다.

회개기도, 감사기도, 간청기도, 중보기도, 합심기도, 대적기도, 선포기도, 방언기도 등 해보지 않은 기도가 없었습니다. 기도하면 힘도 나고 은혜도 있었지만 어느 때부턴가 기도는 '축복'에서 '노동'으로 변질

되었지요. 제게 기도는 수수께끼였습니다. 마음을 기쁘게도 했지만 때론 힘겹게도 했기 때문이죠. 또한 누군가로부터 기도해달라고 부탁받을 때마다 갈등이 일었습니다.

'무엇이 문제일까? 내 게으름 때문인가 아니면 중요한 무언가를 놓치고 있나?'

기도하기에 특별한 어려움이 있거나 소소한 즐거움이 없어서가 아니었어요. 적게나마 사랑과 기쁨과 평안이 있었지만 내 안에서 '이건 아니다'라는 생각이 더 크게 아우성쳤습니다.

'하나님께서 영원한 생명을 주셨을 때는 이런 뜨뜻미지근한 기도나 신앙을 뜻하진 않으셨을 텐데…'라는 생각이 그치지 않았지요. 신앙의 성숙을 따라 나날이 자라는 사랑과 기쁨과 평안의 새로운 내용과 규모, 온유와 겸손의 크기는 제쳐두고, 첫 기쁨과 감격에 미치지 못하는 제 처지가 견디기 어려웠습니다.

처음엔 신신한 충격으로 다가온 선하고 아름다운 기도였습니다. 그러나 어느 순간 그 자리에 주저앉아 한 발짝도 나아가지 못했지요. 익숙해지는 만큼 감동과 감사가 줄었습니다. 매일 시원한 샘물을 마시듯, 첫 감격을 뛰어넘는 그 무엇이 필요했지요. 익숙한 건 대부분 처음과 같지 않았습니다.

주님을 처음 만났을 때, 그 사랑을 따라 영혼에 넘쳤던 맑고 시원한 샘물은 얼마나 달콤했는지 모릅니다. 그러나 어느 순간 그 샘에 수정처럼 맑은 물이 더 이상 흘러들거나 흘러나가지 않고, 타는 목을 축이던 시원함도 사라졌습니다. 또 예배와 교제는 마치 물비린내 나는 미지근한 물처럼 변해서 마시기 힘들었고, 헛구역질이 났습니다.

또한 새로울 게 없는 말씀묵상은 가물어 바닥난 상류 같았고, 기쁨 없는 섬김은 둑에 갇힌 하류 같았습니다. 믿음의 초보에 머문 습관적 신앙이라는 녹조(綠藻)가 고인 샘을 가득 덮었고, 그리스도의 모습을 닮고자 하는 열망은 허연 배를 드러내고 죽은 물고기 같았지요.

큰 위기감을 느끼며 어디론가 떠나 새로운 걸 찾으려 했습니다. 그러나 속 시원한 답을 쉽게 찾을 수 없었지요. 뛰어난 신앙서적과 다양한 설교와 영성 훈련도 평안과 기쁨을 지속적으로 주지 못했습니다.

그렇게 헤매던 어느 날, 일을 하면서도 매일 6시간 이상 기도했다는 분이 쓴 책을 읽으며 '내 신앙은 낙제'라는 열등감에 기가 죽었지요. 이런 제가 불쌍했는지 주님이 잔잔한 감동을 주셨습니다.

'네 호주머니에 넣고 다니는 것을 꺼내 보아라.'

'성경 말씀카드요?'

'그래, 그걸로 나와 얘기 좀 하자!'

성경 말씀으로 엮어가는 대화는 그렇게 시작되었습니다. 처음에는 어떻게 할지 몰라 서툴고 거칠었습니다. 하지만 주님은 횡설수설, 좌충우돌, 동문서답이 가득한 제 이야기를 다 받아주셨지요.

그 서툰 대화를 주님이 25년 동안 이끌어 오신 과정과 그것이 어떻게 제 배에서 생수의 강으로 바뀌었는지를 이 책에 담았습니다. 책을 펼쳐 든 당신을 위해 기도합니다. 말씀의 레일(rail)을 따라 주님과 함께 떠나는 신나는 여행이 시작되기를!

그러므로 우리는 그리스도교의 초보적 교리를 제쳐 놓고,

성숙한 경지로 나아갑시다.

죽은 행실에서 벗어나는 회개와 하나님을 믿는 믿음과

세례의 교리와 안수와 죽은 사람들의 부활과

영원한 심판과 관련해서,

또다시 기초학습을 닦는 일이 없어야 하겠습니다. 히 6:1,2

참고

＊하나님 음성 혹은 메시지는 필자가 오직 믿음으로 들은 개인적 메시지입니다. 기도, 묵상, 또는 평범한 일상 가운데 성령님이 주신 감동을 믿음으로 받았습니다.

＊본문 중 '나'는 필자 혹은 독자를 뜻합니다. 앞뒤 내용으로 구별할 수 있습니다.

＊'당신'은 하나님, 혹은 주님의 신부(新婦)로서 우리가 주님을 부르는 호칭입니다.

＊대화식 말씀기도 사례 중 **I** 필자, **H** 하나님, **J** 예수님을 뜻합니다.

＊본문에 쓰인 성경은 문맥상 가장 잘 번역된 내용에 따라 한글판은 개역개정, 개역한글, 표준새번역, 새번역, 공동번역, 현대인의 성경을, 영역판은 NLT, NIV, NKJV, GNB, NASB을 인용했고, 직접 번역한 구절도 있습니다.

여는 말

contents

말씀 따로, 기도 따로.
별거중인 말씀과 기도로
신앙의 큰 위기에 빠졌다.

그러나 하나님과 친밀감을 열망하며
부활의 삶을 살아가고자 몸부림칠 때,
기도가 변했다.

단편적 말씀으로 시작한 대화식 기도로
내 삶이 변화되기 시작했다.

PART 1

말씀 따로,
기도 따로인 삶이 변하다

간청기도에서
말씀기도로

CHAPTER

1

서툴게 시작된 말씀기도

고집스럽게 하나님을 거부하던 나는, 서른다섯이던 1987년부터 6년 동안 우울증을 심하게 앓았다. 아름다운 콜로라도 볼더(Boulder, Colorado)에서 평생 행복하게 살려던 꿈도 산산이 부서졌다. 모든 노력을 다 기울였지만 파도처럼 다가오는 우울은 나를 점점 사지(死地)로 몰고 갔다.

'지난 6년 동안 어떤 약도, 치료도 소용이 없었어. 누구도 날 도울 수 없었지. 이러다 정신병동에 갇힐지도 몰라. 그럴 바에야 차라리….'

내게는 사는 게 죽는 것보다 훨씬 더 끔찍했다.

'죽어버리면 내 고통은 끝나겠지만, 아내와 두 아이에게 한평생 지우지 못할 상처를 남기겠지….'

그때 일주일 전에 만난 P전도사님의 말이 생각났다.

"구 선생님은 영혼이 병든 것 같습니다. 이제는 하나님께 도움을 청하시지요."

하지만 나는 받아들이지 않았다.

'뭐라고? 내가 알지도 못하는 하나님을 믿고 의지하라고?'

그러나 오후 내내 나를 가운데 두고 하나님의 치료와 죽음의 유혹이 팽팽히 밀고 당겼다. 한참이 지난 후에 나는 마지못해 주님 앞에 무릎을 꿇었다.

'저는 하나님이 누구신지 모릅니다. 그러니 어찌 믿음을 얘기할 수 있겠습니까? 그저 저를 불쌍히 여겨 고쳐주세요. 영혼이 앓고 있다니, 오직 하나님만이 고치실 수 있다니 이렇게 무릎을 꿇습니다. 아무 효과도 없는 항우울제를 더는 먹고 싶지 않습니다. 이젠 하나님밖에 없습니다. 제가 누구에게 더 기댈 수 있겠습니까?'

그리고 차를 몰고 덴버(Denver)의 P전도사님 집으로 갔다. 함께 찬송가를 부르며 내 죄를 안고 가신 주님을 바라보았다. 그리고 나를 위해 십자가에서 죽으신 예수님을 구세주로 받아들였다. 오직 살기 위해 하나님의 손을 잡았다.

하지만 집으로 오는 길은 평소와 다름없었다. 모든 게 짙은 잿빛이고 슬픔이었다.

'그러면 그렇지. 내가 괜한 짓을 했구나.'

집에 도착하니 밤이었다. 침대에 고단한 몸을 누이며 생각했다.

'이 병이 나를 잡아먹을 것인가, 하나님이 이를 다스리실 것인가?'

그런데 하나님은 절절한 회개나 믿음 없이 오직 살기 위해 당신을 찾은 나를 불쌍히 여기셨다. 바로 그날, 1993년 10월 17일 밤 꿈에 강한 임재(臨在)로 나를 만나주셨다.

나는 두 손에 고삐를 바투 잡은 채 철병거(兵車)를 타고 넓은 들판을 달리고 있었다. 그런데 이상하게도 수레바퀴 대신 열두 마리의 사자(獅子)가 한쪽에 여섯 마리씩 서로 꼬리를 물고, 양쪽으로 둥근 바퀴를 이루고 있었다. 그 상태로 철병거는 쏜살같이 내달렸다.

고개를 돌려 나를 노려보는 사자들의 눈빛에서 살기(殺氣)가 느껴졌다. 두려웠다. 그러다 어느 순간 나를 태운 병거가 하늘 위로 솟구쳤다. 꿈에서 깨어나 생각했다.

'이게 무슨 꿈이지? 나를 삼키려던 사자들은 뭘까? 나를 죽음에 이르게 할 것 같은 이 우울증이 사실은 나를 하나님께 데려다주는 사자 떼란 말인가?'

자리에서 일어나 책상에 앉아 성경을 펼쳤다.

"태초에 하나님이 천지를 창조하시니라….."

생전 처음으로 이 말씀 앞에서 내 영혼이 녹아내렸다. 마치 불덩이 곁에 있는 양초처럼. 그리고 세상이 줄 수 없는 사랑과 기쁨과 평안이 세차게 밀려왔다. 여태껏 머리에서 막연히 맴돌던 말씀이 거센 파도처럼 가슴을 쳤다. 창세기부터 계시록까지 모든 말씀이 거절할 수 없는 놀라운 약속과 사랑과 진리로 다가왔다.

그날 이후 나는 그분을 떠날 수 없었다. 3개월 동안 꿈같은 하나님과의 허니문이 이어졌다. 그러나 깨끗이 나은 줄 알았던 우울증이 재발해서 이후 6년이나 더 이어질지는 정말 몰랐다. 살아계신 하나님을 내 안에 모시고도 여전히 병증은 지속되었다.

한참 후에야 비로소 깨달았다. 하나님 말씀, 곧 하늘의 현실로 땅의 현실을 다스려야 하는 엄혹(嚴酷)한 훈련이 그때부터 시작되었음을….

당시 나는 재발한 우울증을 두고 어떻게 기도해야 할지 몰랐다. 처음엔 남들이 드리는 기도를 흉내 냈다.

'하나님, 제발 이 병이 낫게 해주세요.'

또한 나와 가족과 이웃을 위해 무언가를 해달라는 간청 혹은 강청(强請)기도를 많이 했다. 얼마 지나지 않아 이런 기도는 수고로운 노동이 되었다.

3-4개월이 지나 '이게 아닌데…'라는 생각이 들었을 때, 하나님께서 '네 호주머니에 있는 말씀카드를 꺼내 보면서 기도하라'는 감동을 주셨다. 3×5인치 카드에 적힌 말씀들은 파도처럼 밀려오는 절망적인 생각에 맞서려고 틈틈이 써놓은 것이었다. 비상약처럼.

그렇게 하나님께서 '말씀기도'로 이끄셨고, 나는 서툴게 반응하며 그분과 간단한 대화를 나누기 시작했다. 그러면서 가슴 깊이 파고드는 두려움과 수치, 외로움과 절망을 하나씩 베어버렸다.

처음에는 짤막한 말씀에 서툴지만 솔직하게 반응했다. 여러 단편적 말씀에는 "죄송합니다" 혹은 "고맙습니다"라고 대답했다. 거의 다 회개 아니면 감사였다. 이 과정을 문답식으로 풀어보면 다음과 같다.

대화식 말씀기도, 그 시작과 변화

짧은 대화의 시작

말씀기도는 어떻게 시작됐나요?

남들처럼 기도하는 게 노역(勞役)이라고 느낄 때부터요.

어떻게 기도했나요?

비상약처럼 가지고 다니던 말씀카드를 꺼내 말씀을 외치거나 그걸로 기도했어요.

말씀을 따라 주님과 어떻게 대화했나요?

처음에는 '날 살려줘요'라는 비명소리만 넘쳤지요. 믿음으로 대화하는 건 엄두가 나지 않았어요.

그럼 언제부터 하나님과 친구처럼 이야기하게 됐나요?

잘 모르겠어요. 처음엔 부모와 어떻게 대화할지 전혀 모르는 아기 같았지요. 아기가 어느 날 갑자기 "엄마"라는 말을 터뜨리는 것처럼 나도 성경을 읽으며 몇몇 대목에서 "고마워요" 혹은 "잘못했어요, 용서해주세요"라고 말하기 시작했어요. 속으로 말하는 게 아니라 입술로요.

그러나 하나님께 점점 가까이 다가갈수록 말씀을 두고 회개, 감사, 간구, 감탄, 찬양, 사랑의 고백, 질문, 상세 설명 요청, 탄식, 변론, 투정, 다툼, 화해, 침묵 등으로 반응할 수 있었지요.

언제부터 그런 반응을 하게 되었나요?

말씀을 따라 기도하는 게 조금 익숙해지자 감탄, 찬양 혹은 사랑의 고백이 자연히 따라왔어요. 성경 말씀이 그렇게 이끌어갔지요. 탄식, 변론, 투정, 다툼, 화해 같은 건 좀 지나서였던 것 같아요.

성경 전체를 따라 하나님 모습을 여러 각도로 보면서 '이래도 되겠구나' 하는 자신감이 생겼어요. 어려운 대목에서 주님의 설명이 꼭 필요할 때는 질문하지 않을 수 없었어요. 설교나 주석을 참조해도 시원한 답을 얻지 못했거든요. 상세한 설명을 청하기 시작한 건 햇수가 꽤 지나서였어요.

이 요청은 주거니 받거니 탁구공 오가듯 이야기한 끝에 나왔어요. 뭔가 아쉬울 때, '주님, 좀 더 자세히 말씀해주세요' 혹은 '더 하실 말씀은 없으세요?'라고 말씀드렸지요.

그러면 주님이 더 자세히 설명해주셨나요?

그럴 때도 있고, 아닐 때도 있었어요. 하지만 하나님은 분명 자세히 설명하거나 더하여 이야기해주신다고 생각해요. 다만 내가 듣거나, 못 듣거나 하는 거지요. 혹은 주님이 말씀하실 때가 아니기도 하고요.

듣지 못한다고요? 여러 해 동안 주님과 이야기해왔잖아요?

그 점이 내 한계예요. 주님이 다시 오실 날까지 난 여전히 연약하고 죄성(罪性)에 갇힌 사람이니까요. 진리 안에 온전히 자유롭지 않아서 내 마음이 잘 조율되면 들리고, 그렇지 못하면 안 들렸어요.

마음을 깨끗이 비우면 잘 들리지 않을까요?

그렇게 말할 수도 있지요. "마음이 청결한 자는 하나님을 볼 것"이라고 하셨으니까요. 그러나 내가 준비되지 않아도 주님의 음성이 분명히 들릴 때가 있고, 아무리 경건하게 귀 기울여도 들리지 않을 때가 있어요.

하나님의 침묵과 내 침묵

하나님께서 대답이 없으실 땐 어떻게 하나요? 예를 들어 질문, 상세 설명 요청, 변론, 투정을 올려드렸을 때요.

믿음으로 바라보면서 하나님께서 답을 주실 걸 믿고 잠시 기다리지요. 그래도 아무 말씀이 없으시면 넘어가요. 억지 부리며 기다리진 않지요. 우리가 듣지 못하는 이유는 둘 중 하나일 거예요. 내가 하나님의 응답을 듣지 못하거나 신실하신 하나님께서 내가 제대로 이해할 수 있을 때를 기다리시거나.

그렇군요. 또 다른 경우는 없나요?

한 가지 빠뜨렸네요. '침묵'이에요. 몇 해 전에 시작되었는데, 할 말이 없어서 침묵하는 게 아니에요. 모르면 묻고, 용서를 구할 게 있으면 구하고, 감사할 게 있으면 감사하고, 불만이 있으면 투정하면 되니까요. 말씀으로 주님과 이야기 할 때 할 말이 없어 입을 다무는 경우는 거의 없었어요.

여기서 말하는 침묵은 상당한 감정 덩어리가 모이고 뭉쳐진 것이지요. 하나님의 은혜가 너무 커서 "고마워요"라는 말조차 너무 가볍다는 느낌이 들 때가 있어요. 감사의 눈물이나 회개의 통곡조차도 천박하게 여겨질 때가 있고요. 말로 다 할 수 없는 정서의 불덩이가 가슴속에서 이글거리는 때지요.

그래서 이 침묵은 가장 뜨거운 감탄, 사랑의 고백, 혹은 뼈아픈 회개일 수 있어요. 하나님은 침묵하는 이 마음을 이해하고 아주 기뻐하시는 것 같아요. 말과 행동이 아니라서인지 훨씬 진하고 자유롭기도 해요. 역설적이게도 침묵은 가장 활발한 반응이에요.

이해가 잘 되지 않아요.

이해되어서 연습할 수 있는 게 아니에요. 체험한 후에야 이해되는 거라고나 할까….

친밀함으로 이끄시는 하나님

하나님을 많이 사랑하지만 친한 친구처럼 느껴본 적은 없어요. 어떻게 그렇게 느낄 수 있나요?

그 과정은 아주 느리고, 세미하고, 가끔씩 끊어지는 음악 같아요. 처음 주님을 만났을 때는 눈물이 많이 났어요. 너무나 고맙고, 죄송하고, 감격해서요. 이것도 친밀한 감정이겠지요.

처음 몇 해 동안은 꼭 필요할 때만 하나님을 찾았어요. 잘린 나뭇가지에 잎들이 여전히 무성한 것처럼, 주님과 함께 죽었지만 그때까지 움켜쥐고 있던 내 욕망과 가치들이 펄펄 살아있었지요. 그래서 하나님 곁에 바짝 붙어있지를 못했어요.

그러다가 언제부터 그분과 가까워지기 시작했나요?

신앙 초기에는 하나님께서 그때그때 꼭 맞는 말씀을 쥐여주셨고, 그러면 그 말씀으로 이야기 나눴지요. 믿음으로 거칠게 이야기했지만, 마음이 조금씩 열렸어요.

이유 없는 슬픔이 찾아올 때, 억울한 고통을 당할 때, 어려운 결정을 앞두었을 때에는 말씀을 붙들고 주님과 자주 이야기했어요. 그분의 섬세한 사랑과 놀라운 지혜와 넉넉한 도움을 경험했지요.

초반에 나눈 말씀기도는 "나 좀 살려줘요, 구해줘요!"였어요. 그러면 하나님이 구조대원처럼 급히 오셔서 생명의 말씀으로 건져내 주셨지요. 한참이 지난 후부터는 내 필요가 아니라 하나님의 필요에 따라 이야기를 나누도록 이끄셨어요. 일부 말씀이 아닌 성경 전체를 따라 대화하게 되었지요.

그러면서 해마다 하나님과 친밀감이 더 깊어졌어요. 그분의 마음을 보다 더 입체적이고 전체적으로 알아가는 걸음마 단계였다고 할까요.

전 성경(全 聖經) 대화기도 시작

하나님이 정말 친구라면 어렵고 힘든 것뿐 아니라 기쁘고 즐거운 것도 함께 나누어야 하지 않나요?

맞아요. 1993년부터 2010년까지 17년 동안 하나님은 내게 부모님 같기도, 구급대원 같기도 했어요. 부분적 말씀으로 친구처럼 이야기하며 살가워지긴 했어도 풍성한 부활의 삶은 아니었지요. 나는 간신히 바닥을 기는 아기 같았어요.

앞으로 더 나갈 수 없는 신앙, 같은 내용이 되풀이되는 모임과 집회에 지치기 시작했지요. 모든 걸 내려놓고 떠나고 싶었어요. 사랑과 기쁨이 넘쳤던 교회와 형제자매에게서도….

그런데 어떻게 성경 전체를 따라가는 말씀기도가 시작되었어요?

습관적으로 하던 말씀묵상을 떠났을 때 비로소 시작되었답니다. 대부분 매일 묵상(QT)이 성경 속 특정한 책, 한정된 구절이다 보니 매번 내 삶을 비춰주진 못했어요. 가끔 묵상을 빼먹거나 마치고 나서도 시큰둥할 때가 있었지요. 마음의 허기가 심해지고 막막했어요. 어떤 커다란 벽이 떡 버티고 서서 천상으로 오르는 계단을 가로막는 것 같았지요.

그 앞에 주저앉은 나를 하나님이 계속 지켜보셨나 봐요. 2011년 11월 9일, 아이패드(iPad)에서 '성경 1년 1독표'를 우연히 발견했어요. 영어표준역(ESV, English Standard Version) 스케줄이었지요. 그날 말씀은 열왕기하 22장, 히브리서 4장, 요엘 1장, 시편 77편이었어요.

날짜도 11월 9일, 119네요. 영적 구조의 날이었나 봐요.

그렇게 되나요? 어쨌든 그걸로 바로 말씀기도에 들어갔어요. 말씀으로 주님과 대화하는 건 그런대로 익숙했으니까요. 그렇게 몇 년을 지내니 기쁘고 즐거운 때나 지극히 평범한 때나 주님께 마음을 쏟아놓게 되었지요.

회개나 감사로 그치는 게 아니라 슬픔과 기쁨, 불안과 평안을 솔직하게 나누었어요. 그러면서 점점 허물없고 거침없이 주님과 친구로서 이야기할 수 있는 확실한 근거와 자신감이 생겼어요. 말씀 전체에서 생긴 믿음이라고 할까요.

전 성경 대화기도로 다가온 하나님 얼굴

그 근거와 자신감에 대해 좀 더 설명해주세요.

우리가 지금 곧바로 지성소에 들어가 하나님 얼굴을 보며 이야기할 수 있을까요?

감히 하나님 얼굴을 볼 수 없을 것 같아요.

옛날이나 지금이나 하나님의 약속을 제대로 믿지 못하게 하는 세력들이 많아요. 어쨌든 지성소는 언제든 들어갈 수 있는 걸까요?

그건 성경에 쓰여있잖아요. 히브리서 10장 19절에 "우리는 예수의 피를 힘입어서 담대하게 지성소에 들어가게 되었습니다"라고요.

그렇다면 하루에 얼마나 자주 들어가나요?

글쎄요. 우리가 감히 하나님 얼굴을 바라볼 수 있을까요?

"너희는 내 얼굴을 찾으라 하실 때에 내가 마음으로 주께 말하되 여호와여 내가 주의 얼굴을 찾으리이다 하였나이다"(시 27:8), "이는 여호와를 찾는 족속이요 야곱의 하나님의 얼굴을 구하는 자로다"(시 24:6)라는 말씀을 보세요. 하나님이 말씀하셨잖아요. "너희는 내 얼굴을 찾으라"고. 또 하나님 마음에 합한 자인 다윗은 "여호와여 내가 주의 얼굴을 찾으리이다"라고 말했어요.

그리고 모세가 성막에서 하나님과 이야기하는 걸 두고 성경은 "주님께서는, 마치 사람이 자기 친구에게 말하듯이, 모세와 얼굴을 마주하고 말씀하셨다"(출 33:11)라고 기록했지요.

하지만 사람이 하나님 얼굴을 어떻게 봐요? 보는 즉시 죽어버릴 텐데….

구약 당시는 그랬지만 지금은 아니에요. 말씀을 자세히 보세요. 하나님이 친구처럼 모세와 얼굴을 마주했다고 하여 그가 과연 그분의 얼굴을 볼 수 있었을까요? 하나님은 모세를 바라보며 친구처럼 이야기하셨지만 그는 아니었을 것 같아요. 하나님이 나타나신 곳에는 언제나 짙은 구름이 덮여있었으니까요.

그래서 모세가 나중에 하나님 영광을 보여달라고 했을 때, 주님은 바위 틈새에 그를 세우고 손으로 덮으신 후에 "네가 나의 등을 보게 될 것이다. 그러나 나의 얼굴은 볼 수 없을 것이다"(출 33:23)라고 하셨지요.

모세는 불과 연기와 구름으로 다가온 하나님의 영광을 볼 수 있었지만, 영광스런 얼굴은 볼 수 없었어요. 온전한 구원을 받기 전이니까. 그러나 예수께서 메시아로서 십자가에서 피를 쏟으신 후에 우리에게 주어진 놀라운 특권은

"우리가 예수의 피를 힘입어 성소에 들어갈 담력을 얻었나니"(히 10:19)에서 알 수 있듯이 바로 지성소에 들어갈 수 있다는 거예요. 그리고 또 다른 놀라운 선물이 있어요. 나는 그것이 믿음으로 하나님 얼굴을 바라볼 수 있는 특권이라고 생각해요. 사랑하는 사람이나 친한 친구와 이야기할 때 먼 산을 보거나 한눈팔지 않고 얼굴을 바라보며 눈 맞추고 이야기하잖아요. 참 사랑이고, 참 친구라면.

하나님과는 다르지 않나요? 그것이 어떻게 가능하죠?

오직 믿음으로! 믿음으로 하나님께 나아가 그 얼굴을 바라보는 거지요. 주님이 다시 오시는 그날에는 거울을 보듯 선명하게 보겠지만 지금은 보이지 않는 하나님 얼굴을 오직 믿음으로 바라볼 수밖에 없어요.

"그러나 지금은 하나님께서 그리스도의 죽으심으로 말미암아 그의 육신의 몸으로 여러분과 화해하셔서, 여러분을 거룩하고 흠이 없고 책망할 것이 없는 사람으로 자기 앞에 내세우려고 하셨습니다"(골 1:22).

하나님께서 흠 없고 나무랄 데 없게 된 우리와 사랑스럽게 눈 맞추고 얼굴을 보며 이야기하시지 않겠어요? 구약 시대엔 그리스도의 완전한 속죄가 있기 전이니 어떤 사람도 그분의 얼굴을 보고 살아남을 수 없었어요.

그러나 이젠 달라요. 달라도 아주 많이 다르죠. 이것이 복음의 크나큰 규모고, 은혜고, 선물이에요. 그러니 믿음으로 그 얼굴을 바라보며 친구처럼 이야기할 수 있어요. 그렇게 하다 보면 이전에 미처 알지 못했던 깊은 친밀감을 늘 새롭게 경험할 거예요. 그 깊이가 어디까지일지 측량할 수 없을 정도로….

별거 중인 말씀과 기도
VS
한몸이 된 말씀기도

CHAPTER

2

말씀 따로, 기도 따로

하나님 아버지와 이야기하길 꺼리는 자식, 곧 영적 사춘기에 접어든 우리의 모습이 자녀 문제로 상담 온 어느 부부의 이야기에 담겨있다.

정말 살갑고 사랑스러운 딸이었어요. 그러나 언제부턴가 대화가 점점 뜸해지더니 이젠 아예 사라졌어요. 아이는 사춘기에 접어들면서 더 이상 우리와 말을 섞지 않아요. 왜 그러는지 모른 채 아이를 따라다니며 계속 말을 붙였지요. 아이는 귀찮은 잔소리로만 여겼어요. 그러다 속상하면 가끔 소리까지 질렀지요.

아이는 자기 방에서 혼잣말을 쏟아놓거나 친구들하고만 이야기하지 우리와는 한마디도 나누지 않았어요. 학교나 전공 같은 중요한 선택을 두고도 우리에게 묻지 않고요. 혼자서 모두 결정하고 통보했어요. 뭔가 아쉽고 돈이 필요한 때만 한두 마디 던지고요.

아이의 표정은 '날 이해 못하는, 아니 이해하지 않는 엄마 아빠를 이해할 수 없어'였어요. 아이가 우리를 여전히 사랑한다는 걸 알아요. 때론 우리와 이야기하고 싶은 눈치도 보였지요. 그러나 '지금은 아냐. 엄마 아빠와 이야기하지 않은 지 너무 오래야. 이젠 어떻게 말을 꺼내야 할 지 모르겠어' 하는 게 눈빛에서 보였어요.

서로 원치 않는데도 우리 사이에 골이 깊어갔어요. 아이는 자기와 부모를 좀 더 알아야겠다고 생각했던 것 같아요. 아이 책상 위에 '부모 이해하기', '십대의 갈등', '하나 된 가족', '나를 찾아가기'에 관한 책들이 놓여있었거든요. 그러나 아직 뾰족한 방법을 찾지 못한 듯해요. 우리와 함께 이야기하면 쉽게 답을 찾을 텐데….

위 이야기에서 앞 문단은 그리스도인의 전형적 기도와 비슷하다. 대화가 아닌 독백기도, 필요할 때만 드리는 간청기도다. 뒤 문단은 말씀 연구 혹은 성경 공부 모습과 비슷하다. 둘 다 대화가 아니라 혼잣말이요 일방통행이다.

하나님과 나를 제대로 알기 위해 혼자 애쓰지만 여전히 인격적인 대화는 없다. 말씀을 따라 하나님과 대화하며 직접 가르침을 받는 게 아니라 혼자만의 묵상이나 타인의 설명에 의지한다. 참 부모이신 하나님과 대화를 시작하면 답이 금세 나올 텐데….

기도 훈련과 말씀 연구도 중요하다. 하지만 하나가 빠졌다. 바로 하나님과 직접 나누는 인격적 대화다. 기도는 하나님과의 소통이다. 상호 대화 없이 소통이 가능한가? 말씀 연구는 하나님과 자신을 알아 가는 것이다. 대화를 통한 인격적 가르침 없이 하나님의 사랑과 진리의 깊이에 이를 수 있을까?

말씀으로 나아가기: 유익, 한계, 문제점

말씀 연구, 묵상, 강해(講解) 설교, 주석(註釋)이 주는 유익은 분명하다. 신앙생활 초기에 하나님과 우리에 대해 객관적으로 알고 구원의 언약을 이해하는 데는 큰 도움이 된다. 또한 설교와 주석을 통한 타인의 해석은 말씀의 입체적 이해를 돕는다.

말씀 연구는 흔들리지 않는 믿음을 다져준다. 우리의 두뇌, 곧 지성에 호소하여 감정에 치우치지 않게 한다. 말씀은 하나님 자신이고, 그분에 대한 객관적 사실을 선포하기 때문이다.

한편, 하나님을 개인적으로 만나는 체험은 우리 가슴에 호소한다. 머리로 이해한 내용이 가슴으로 증명된다. 흔히 말하는 '인격적 만남'이다. 그러나 때로 어두움이 가슴의 믿음을 덮어버린다. 신앙인으로서 정신 분열이 일어나는 때이다.

그뿐일까? 어두움은 머리에 저장된 하나님의 뜻까지 지우려 한다.

대부분 지성은 가슴에 가득 찬 감정을 이길 수 없다. 그로 인해 가끔 머리에 담긴 진리의 말씀을 잊어버리는 중중 치매 증상이 나타난다.

이때 우리는 진리를 택해야 하는 기로에 선다. 안타깝게도 감정이 의지를 꺾어버리려 한다. 하지만 부활의 삶을 따라 성숙의 길을 걷는 그리스도인은 갈등 가운데서 하나님 뜻을 선택하는 순종을 거듭 연습하는 의지의 사람이다.

그는 하늘의 현실, 곧 진리로 이 땅의 험악한 현실인 사실을 다스리길 힘쓴다. 그러므로 평소에 예리하게 갈아둔 진리의 말씀들이 사단의 거짓을 베어버리고 하나님의 뜻을 따르는 믿음의 선택, 곧 뱃심의 믿음을 튼튼히 세워줄 것이다.

그렇다면 대화식 말씀기도와 함께 가지 않는 말씀 연구의 한계는 무엇인가? 부활의 삶을 살아가며 성숙의 길을 걷다 보면 어느 순간 눈앞에 버티고 선 높고 긴 벽을 마주하게 된다. 너무 높아서 넘어갈 수도 없고, 너무 길어서 둘러갈 수도 없다. 성경 공부도 말씀묵상도 강해 설교와 주석도 새삼스러울 게 없다. 끊임없이 믿음을 뒤흔드는 거친 의문을 자세히 풀어주던 성령의 가르침도 들리지 않는다.

어디로 갈지 몰라 멍하니 서 있을 때 원수 마귀는 비웃음을 흘리며 눈을 번뜩인다. 생명수가 흐르던 길목에 커다란 둑이 쌓이니 물길은 멈추고 녹조가 퍼진다. 신앙의 열기는 식고, 감사와 기쁨이 옅어진다. 시원한 강물 사이로 자유로이 놀던 우리는 서서히 죽어간다.

왜 이런 현상이 일어나는가? 말씀으로 우리에게 오신 주님의 인격적 가르침, 곧 개인적이고 주관적인 가르침이 없기 때문이다. 믿음으로 성소에 들어가 주님을 만나 이야기하며 보고 들을 수 있는 해석이 없다. 또한 무한한 사랑, 기쁨, 평안, 오래 참음, 자비, 양선, 충성, 온유, 절제를 매일 새롭게 체험하지 못한다.

그러나 주님은 말씀하셨다. 아버지께서 보내실 성령이 우리에게 모든 것을 가르치시고 주의 말씀을 생각나게 하실 거라고(요 14:26 참조). 성령이 그리스도의 영이라는 것에 비추어볼 때, 이는 주님의 직접적 가르침이라고도 할 수 있다. 사도 바울은 이를 두고 사람들의 가르침이 아니라 예수 그리스도의 나타나심 즉 계시라고 했다(갈 1:12 참조).

죄성과 한계를 가진 내가 홀로 말씀을 묵상하거나 주님이 아닌 남의 도움만 받을 때, 일정 선을 넘지 못한다는 걸 왜 예측하지 못했던가? 사람에게만 의지해서는 하나님이 보여주시는 영원한 길을 순간순간 새롭게 걸어갈 수 없다.

말씀기도와 함께 가지 않는 말씀 연구는 성경을 잘못 해석하여 누군가에게 뜻하지 않은 영적 학대를 가하거나 타인으로부터 받기도 한다. 주님과 직접 이야기하지 않고 자신이나 타인에게만 의지할 때 피하기 어려운 문제다.

극단적 예가 이단 교회 신학이다. 그들은 일반 교회보다 훨씬 더 열심히 성경을 파고든다. 그러나 그들의 논리와 신학은 성경 전체를 균형 있게 이해하는 대신 자신들의 목적에 따라 그럴듯하게 짜깁기하여 편협하게 해석한다.

기도로 나아가기: 유익, 한계, 문제점

기도가 주는 유익은 말씀과 같이 다양하다. 신앙생활에 매우 중요하고 유익하기에 많은 설교와 책에서 폭넓게 다룬다.

우리에게 친숙한 기도로는 회개기도, 감사기도, 간청기도, 중보기도, 합심기도, 대적기도, 선포기도, 방언기도, 관상기도 등이 있다. 이런 기도들은 각 제목이 뜻하는 대로 우리의 신앙생활을 여러모로 돕는다.

악한 길에서 돌이켜 주님께 돌아가는 회개기도는 한 인간이 하나님께 보여드릴 수 있는 가장 놀라운 기적이다. 감사기도는 하나님의 선하신 이끄심과 보호를 확인하는 아름다운 고백이다. 간청기도는 적절한 때에 하나님의 돌봄을 체험하는 첫걸음이다.

중보기도는 한 사람의 영적 기력이 쇠했을 때 주위 사람들이 선물할 수 있는 사랑의 수고다. 합심기도는 공동체와 나라를 위해 하나님께 한마음으로 올려드리는 외침이다. 대적기도는 인간의 마음을 유혹하는 사단에게 하나님 말씀으로 분명하게 명령하고 선포하는 날카로운 칼날이다. 선포기도는 나와 타인의 참된 정체성과 하나님 뜻을 외치는 선언이고, 방언기도는 성령님이 주시는 감동을 따라 올려지는 향기이다. 관상기도는 하나님과 인격적 친밀함으로 하나가 되려는 침묵이라 할 수 있다.

그러나 말씀과 분리된 기도는 말씀으로 엮어가는 기도, 곧 인격적 대화에 비해 생생한 관심, 집중, 활기가 현저히 떨어진다. 깊은 성찰, 지혜, 기쁨, 순종도 부족하다. 이런 것이 결여된 길고 긴 기도는 율법적 노동으로 전락할 위험이 있다.

이런 기도가 기쁨이나 휴식 없이 오래 지속될 경우 신앙적 피로가 쌓이고 육체적으로 고단해진다. 한 방향 혹은 독백(獨白)기도의 한계다. 또한 하나님 뜻과 상관없거나 반대되는 기도로 나갈 수 있다. 달리 말하면, 기도가 아닌 기도를 하게 된다.

> 예수께서는 가르치시면서, 그들에게 말씀하셨다.
> "기록된 바 '내 집은 만민이 기도하는 집이라고 불릴 것이다'
> 하지 않았느냐?
> 그런데 너희는 그곳을 '강도들의 소굴'로 만들어버렸다." 막 11:17

상거래가 진행되는 곳, 곧 강도의 소굴이 성전 뜰에만 있는 건 아니다. 기도를 드리는 우리 마음 안에도 있다. 성전에서 사람들과 상거래하는 것을 금하셨다면 기도 안에 숨은 하나님과는 어떨까? 신앙생활에서 헌신과 거룩으로 포장된 상거래 기도가 너무나 흔하다.

'이걸 드릴 테니 저걸 꼭 주세요!'

이뿐만이 아니다. 하나님 뜻과 전혀 상관없는 탐욕에 찬 자기중심적인 기도도 많다. 반면, 말씀을 따라 주님과 나누는 인격적 대화는 매 순간 하나님의 생기가 넘친다. 기쁨, 평안, 열정, 순종으로 이어진다. 말씀기도는 샛길로 빠지기 쉬운 자기중심성을 내려놓고 하나님의 뜻에 맞추어가는 기도, 곧 말씀의 레일을 따라가는 기도다운 기도다.

사람의 몸을 입고 오신 주님도 겟세마네 동산에서 십자가 고난을 피하고 싶어 몸부림치셨다. 그러면서도 주님은 '아버지의 뜻대로'를 외치며 땀방울이 핏방울이 되기까지 기도하셨음을 기억하자.

아바, 아버지, 아버지께서는 모든 일을 하실 수 있으시니,

내게서 이 잔을 거두어주십시오.

그러나 내 뜻대로 하지 마시고, 아버지의 뜻대로 하십시오. 막 14:36

대화식 말씀기도, 그 활기와 유익

2007년경 보게 된 앤드류 머레이의 글이 마음에 깊이 와닿았다. 한 몸을 이뤄야 할 말씀과 기도, 곧 말씀기도를 말하기에 앞서 이 글을 살펴보자.

기도와 하나님 말씀은 떼려야 뗄 수 없습니다.

기도는 말씀이 있음으로써,

말씀은 기도가 있음으로써 능력이 나타납니다.

기도는 하나님을 구합니다.

말씀은 하나님을 밝힙니다.

우리는 기도로 하나님께 묻고,

하나님은 말씀으로 우리에게 응답하십니다.

우리는 기도로 하늘에 올라 하나님과 동거하고,

하나님은 말씀으로 우리에게 내려오셔서 동거하십니다.

우리는 기도로 자신을 하나님께 드리고,

하나님은 말씀으로 당신을 우리에게 내어주십니다.

-앤드류 머레이

Prayer and God's Word are inseparably linked together.

Power in the use of either depends upon

the presence of the other.

Prayer seeks God; the Word reveals God.

In prayer, we ask God; in the Word, God answers us.

In prayer, we rise to heaven to dwell with God;

in the Word, God comes to dwell with us.

In prayer, we give ourselves to God;

in the Word, God gives Himself to us.

- Andrew Murray[1]

혹 기도와 말씀이 떨어져 있어도 나름의 힘과 능력이 있다. 그러나 기도는 말씀이 곁에 있을 때, 말씀은 기도가 함께할 때 비로소 하나님이 뜻하신 원래의 강력한 힘과 계시가 주어진다.

기도는 하나님 얼굴을 보기 원하게 하며, 그분의 뜻을 찾게 한다. 말씀이신 하나님은 말씀으로 그분의 얼굴과 빛을 드러내신다. 기도를 통해 우리는 하늘로 올라가 하나님 보좌 우편에 앉는다. 말씀으로 하나님은 이 땅으로 내려오셔서 우리와 함께 사신다. 그래서 머레이의 간략한 글은 마치 하늘나라 혼인식 주례사 같다.

말씀과 기도의 연합은 하나님과 우리의 연합과 같다. 대화식 말씀기도를 통해 우리는 하나님의 점진적 자기 계시를 보고 듣는다. 말씀기도는 이 세상이 줄 수 없는 하나님 사랑, 기쁨, 평안이 무엇인지 점점 더 새롭고 선명하게 거대한 규모로 보여준다.

---

1 Andrew Murray Devotional(365 Day Devotional), Whitaker House, 2006

기도가
달라지다

CHAPTER

3

자라는 기도

하나님을 인격적으로 만난 초반에는 젖 달라, 물 달라, 기저귀 갈아 달라 떼쓰는 어린애처럼 기도했다. 하나님은 갓난아기의 엄마처럼 빠르게 그 기도를 들어주셨다. 그러나 어느 정도 시간이 흐르자 응답이 늦거나 아예 없었다.

제때 응답받지 못한 기도로 낙심하고 있을 때, 하나님은 당신의 말씀으로 대화하는 걸 가르치셨다. 처음엔 일부 말씀으로 이야기하다가 나중에는 성경 전체를 두고 대화를 나누는 데까지 나아갔다.

갓난아이가 자라가면서 기고, 걷고, 뛰는 변화를 따라 엄마와 소통하는 방법이 달라지듯 하나님은 말씀기도로 나를 이끄셨고, 그 사랑은 점점 더 깊어갔다.

간청기도

처음 만난 하나님을 내 사랑과 자랑이며 기쁨으로 받아들인 후, 나는 여러 가지를 그분께 간청했다. 오직 내 필요에 따라 드린 간청이었지만 하나님은 빠르게 들어주셨다. 고난의 바다에서 허우적대다가 마침내 주님을 찾을 수밖에 없었던 아픔과 고통을 너무나 잘 아시는 주님이었다.

마치 갓 태어난 아기를 따뜻한 물로 씻기고 부드러운 천으로 덮는 것처럼 하나님의 부드러운 손길이 간청기도에 신속한 응답으로 다가왔다.

당시 나는 항우울제를 그만 먹게 해달라고, 월스트리트 시티뱅크 (Citibank, Wall Street) 전산시스템 변경 프로젝트를 성공적으로 리드하게 해달라고 간구했다. 예전처럼 스키를 즐길 수 있게 해달라고도 했다. 하나님은 이 모든 걸 들어주셨다.

하나님 안에서 계속 자라가야 하는데 나는 갓난아이처럼 작고 초라한 것만 요구했다. 그러다가 점점 느리게 다가오는 그분의 손길에 낙심했다. 때로는 오랫동안 응답 없는 간청기도도 있음을 알게 됐다.

일문일답 말씀기도

간청기도에 따른 빠른 응답이 주는 감동이 옅어지자 내 필요가 아니라 하나님 뜻에 따른 기도를 서툴게 시작했다. 말씀을 앞에 두고 기도했다. 내 처참한 모습과 이해되지 않는 삶의 고통을 하나님 말씀에 비추어 재해석하고 회개하거나 감사했다. 주님은 성경 말씀을 생각나게 하셨고, 나는 그 말씀에 짧게 또는 길게 기도했다.

한 예로 주님을 놀랍게 만난 후 극심한 우울증이 다시 나를 사로잡았을 때 드린 기도가 그렇다. 연약한 믿음이 뿌리째 흔들리자 나 자신이 사울 왕같이 저주받은 운명을 타고났다는 생각에 골몰했다.

콜로라도의 눈부신 한낮도 악몽에 쫓기는 새까만 밤과 같고, 마귀들이 원숭이 떼처럼 모여 나를 노려보는 것 같았다. 모든 생각과 감정과 통곡은 얼어붙었다. 눈물조차 막혀버린 절망의 벼랑 끝에서 지하실 한구석에 멍하니 앉아있었다.

칠흑 같은 영혼의 어두움을 걷어갈 성경 말씀은 단 하나도 기억나지 않았다. 침묵이 한두 시간 이어진 후, 눈물이 한두 방울 떨어졌다. 그리고 서서히 한 말씀이 수면 위로 떠올랐다.

그는 처음부터 살인한 자요
진리가 그 속에 없으므로 진리에 서지 못하고
거짓을 말할 때마다 제 것으로 말하나니

이 말씀 앞에서 저주받은 운명을 타고난 듯한 절망과 고통을 하나님께 떠듬떠듬 말씀드렸다. 하나님은 위의 말씀으로 내 절망과 고통이 어디서부터 시작되었는지 찬찬히 설명해주셨다. 나는 믿을 수 없었다.

'이건 마귀의 거짓이 아니에요. 분명한 사실입니다. 제 마음 깊은 곳에 있는 실제라고요!'

한참 동안 말씀과 탄식이 팽팽히 힘을 겨루었다. 뱀의 유혹, 아담과 하와의 타락, 가인의 살인, 인간의 악행, 주님의 십자가와 부활이 사이사이 파노라마처럼 마음을 스쳐갔다. 한두 시간 지나자 꿇었던 무릎을 펼 수 있었다. 차츰 확신에 차서 지하실을 오가며 이 말씀으로 마귀 떼들을 꾸짖었다.

한참 후 거짓의 자식들이 하나도 남지 않았다. 하나님만이 주실 수 있는 평안과 기쁨이 그곳을 가득 채웠다. 밖으로 나가니 햇살이 다시 예전처럼 밝고 아름다웠다.

그러나 이 놀라운 체험에도 불구하고 주님과 나 사이의 거리는 여전했다. 대부분 주어진 한 가지 말씀에 한 번의 기도로 끝났다. 말씀으로 엮인 인격적이고 개인적이며 살가운 대화는 감히 시작도 못했다. 주님과 여전히 10미터쯤 떨어져 있었다.

단편적 대화기도

1993년 가을에 처음으로 하나님을 만난 후, '주님, 성경을 세 번 읽을 때까지 독선생(獨先生)이 되어주세요'라고 기도했다. 하지만 다시 찾아온 극심한 우울과 씨름하기 바빴다. 어둠의 세력은 약해질 대로 약해진 몸과 마음, 그로 인한 휴직, 가족과의 소원한 관계 등 부인할 수 없는 사실을 들이대며 끊임없이 나를 공격했다.

간청기도와 일문일답 말씀기도만으로는 다시 찾아온 깊은 우울을 넘을 수 없었다. 당시 내게는 말씀을 통한 주님과의 인격적 대화가 필요했다. 그렇게 해서 말씀을 따라가는 주님과의 대화, 곧 단편적 대화기도가 시작되었다.

하나님은 내게 '사실과 진리는 별개'임을 자세히 일러주셨다. 그분의 뜻과 의지와 약속이 진리이며, 사실은 진리가 아니라고 하셨다.

"아버지의 말씀이 곧 진리입니다"(요 17:17).

나는 어둠의 세력이 우울을 타고 들어와 던지는 거짓에 맞서기 위해 성경 읽기, 묵상, 설교, 성령의 감동, 집회 등을 통해 받은 말씀을 3×5인치 카드에 써서 갖고 다녔다. 영혼에 어둠이 덮칠 때마다 적절한 말씀을 꺼내어 암송하고 선포하고 묵상하며 일문일답 말씀기도를 드렸다. 이들이 주는 힘과 위로는 적지 않았다.

그러나 사단은 체계적인 거짓말로 나를 계속 공격했다. 긴 씨름이 6년 동안 이어졌다. 이때에 주로 드린 기도가 '단편적 대화기도'였다. 처음엔 단편적 말씀으로 주님과 서툴게 이야기하는 정도였다. 그럼에도 주님이 건네신 사랑과 진리의 보석들이 진주알처럼 쌓여갔다. 이 모든 걸 이어주는 연결고리는 아직 보지 못한 채.

단편적 대화기도는 하루하루 살얼음판을 걷는 것 같은 영적 싸움터에서 소나기처럼 쏟아지는 불화살을 막아주었다. 든든한 방패와 성채 같았다. 적들의 목을 단번에 베는 예리한 양날의 칼도 되었다.

대화기도의 부싯돌이 된 말씀이 6년이 지나자 500개가 넘었다. 남을 위한 기도와 개인적 간구가 끝나면 주로 성경 말씀으로 하나님과 대화했다. 틈만 나면 거침없이 생각과 감정에 쐐기처럼 치고 들어와 내 영혼을 훔치고 죽이려던 어둠의 세력과 싸운 흔적들이 단편적 대화기도에 담겼다.

거짓을 이긴 진리, 험악한 사실과 상황을 극복한 진리, 하나님의 변함없는 사랑과 승리를 모두 담았다(《아바의 팔베개》에 험난했던 신앙 초기, 필요에 따른 조각난 말씀으로 주님과 대화하는 가운데 받은 여러 메시지를 정리한 묵상이 실려있다).

자세하고 놀라운 메시지를 받을 때마다 얼마나 감격하고 기뻤는지 모른다. 감동이 올 때마다 밤을 새서라도 정리하며, 주님께 "고맙고, 고맙고, 또 고맙습니다!"라고 고백하지 않을 수 없었다.

다음은 그때 단편적 말씀기도를 통해 하나님의 감동으로 받은 메시지이다(위 책 중 '사실이라는 거짓, 그리고 생명의 진리'에 나오는 내용 일부 인용 편집).

사실이라는 거짓, 그리고 생명의 진리

> 그는 처음부터 살인한 자요
> 진리가 그 속에 없으므로 진리에 서지 못하고
> 거짓을 말할 때마다 제 것으로 말하나니
> 이는 그가 거짓말쟁이요 거짓의 아비가 되었음이라 요 8:44

우울증을 앓을 때 네 마음에 오가는 여러 가지 생각이나 이야기는 대부분 네 원수가 던지는 거짓말로 얼룩져있다. 그런데 이 거짓말은 대부분 사실에 바탕을 두고 있어 부인하기가 힘들 것이다.

지금 네 몸과 마음이 아픈 건 부인할 수 없는 사실이다. 지금 네가 일터에 나가지 못하고 쉬고 있는 것도 사실이다. 따돌림받고 친지가 떠나고 가정이 깨어지고 아이들이 널 피할 수도 있다. 이 모든 것으로 인해 네 마음이 소망보다는 절망, 기쁨보다는 슬픔이 많은 것도 사실이다.

그러나 경계하라. 어둠의 세력이 이 사실들을 들어서 네 영혼을 치고 들어올 때, 그는 이를 무기 삼아 네 소망을 끊어버리고 죽음 골짜기로 몰고 갈 것이다. 희지 않으면 검다 하고, 조그만 걸 크게 부풀리고, 연약하고 추악한 네 모습을 보여주며 널 이런저런 사람이라고 몰아붙일 것이다. 네가 주리고 화나고 외롭고 지쳐서 바른 생각을 할 수 없을 때 너를 사로잡는 부정적 감정에 그럴듯한 이론의 기름 불을 부을 것이다. 사단은 인간이 가진 착각, 즉 사실들을 모으고 분석해서 진리를 이끌어낼 수 있다는 생각을 사람들 마음에 뿌리 깊이 심어놓았다.

인본주의, 실증주의, 사실주의, 실존주의, 진화론, 공산주의 등 인간의 이성과 논리 가운데서 세워진 이런 학설들이 진리인 것처럼 한때 유행했다. 그러나 이들은 그들이 주장하는 열매를 맺지 못하고 안개처럼 사라졌다. 그들은 한결같이 진리가 사실이라는 바탕 위에 서야 한다고 외쳤다. 그러나 미미하게 시작된 내 복음과 진리는 많은 영혼들을 사랑과 생명으로 건져왔다.

적극적 사고(Positive Thinking)와 인지 치료(Cognitive Therapy)가 어느 정도의 도움을 줄 수 있을지라도 네가 바라는 온전한 회복으로 이끌지 못함은 사실을 또 다른 사실, 즉 인간의 사고 전환으로써 이기려 하기 때문이다. 정신 분석가의 진단과 오랜 상담이 너를 근본적으로 고치지 못했던 것도 이와 같다. 항우울제가 네 병을 근원적으로 고치지 못하는 것도 마찬가지다.

아무리 지혜로운 것일지라도 사실은 거짓을 이기지 못한다. 이는 사실이 거짓을 이길 만한 진정한 대항마(對抗馬)가 아니기 때문이다. 거짓을 온전히 이길 수 있는 건 사실이 아니라 진리다.

거짓의 진정한 적수(敵手)인 진리만이 거짓을 맞서 이길 수 있다. 잘못된 생각과 감정은 오직 내가 선포한 진리와 사랑 안에서만 고쳐질 수 있다. 때때로 네 마음에 불화살처럼 꽂히는 어두운 생각과 감정은 대부분 사실로부터 시작된다. 새빨간 거짓말이라면 쉽게 이를 알아차리고 무시할 수 있지만, 네 원수는 그런 어리석은 무기를 사용하지 않는다.

그들은 사실이라는 쐐기들을 사용하여 네 건강한 생각과 감정을 파고 들어온다. 네 원수는 여러 가지 사실로써 너를 속인다. 그는 속이는 자다. 그러나 네 참된 무기는 진리, 곧 너를 향한 내 가슴이요 뜻이요 약속이요 말씀이다.

사단이 던지는 거짓말들을 사람의 의지와 이성으로는 이길 수 없다. 그 거짓말은 절망감, 열등감, 수치심, 죄의식, 분노를 일으키며 많은 고통을 가져온다. 떨쳐버리려고 해도 거머리처럼 집요하게 마음과 생각을 물고 늘어질 것이다. 이런 거짓말들은 네 생각이 아니다. 내게서 나온 것도 아니다. 사단이 끈질기게 네 마음에 퍼붓는 불화살이라는 걸 알아야 한다. 그러니 네가 부끄러워할 것도, 책임질 것도 아니다.

네가 책임질 건 오직 한 가지, 바로 네 선택이다. 성령의 생각과 악령의 생각, 이 둘 중에서 무엇을 택할 것인가? 이 거짓말들은 꼬리에 꼬리를 물고 확대 재생산될 것이다. 눈덩이처럼 부풀려져서 네 마음을 압도할 것이다. 이런 거짓을 온전히 없앨 수 있는 건 객관적 생각이나 사유(思惟)가 아니라 진리이다.

인유야, 네가 몇 주 전에 스스로 체험하지 않았느냐? 네 영혼을 훔치러 온 원수들이 널 포위하고 삼키려 할 때 이성적 사고와 의지가 네 영혼을 사자(獅子) 아가리에서 빼낼 수 있더냐? 네 생각과 느낌과는 상관없이 성경에 있는 진리를 외쳤을 때 비로소 너는 그 사자를 때려눕히지 않았더냐? 길이요 진리요 생명인 예수의 말씀을 선포했을 때 원수들은 뿔뿔이 흩어졌다.[2]

너희들이 이해할 수 없는 재난과 고난을 네 이성적 사고로 풀 수 있더냐? 오랜 세월 질투하는 사울에게 쫓기던 다윗, 위로하러 온 세 친구들로부터 혹독한 판단과 정죄를 받던 욥, 겟세마네 동산에서 피땀 흘리며 쓴 잔을 거두어달라던 예수…. 이들이 직면한 실존적 아픔과 번민을 어떻게 인간이 만든 처방으로 달랠 수 있더냐? 이성적 사고, 적극적 생각, 정신분석, 인지 행동 치료가 실존적 의문을 풀 수 있더냐?

거짓(Lie)의 반대가 사실(Fact)이라고 세상은 주장한다. 그러나 나는 거

---

2 그는 처음부터 살인한 자요 진리가 그 속에 없으므로 진리에 서지 못하고 거짓을 말할 때마다 제 것으로 말하나니 이는 그가 거짓말쟁이요 거짓의 아비가 되었음이라 요 8:44

짓의 반대가 진리(Truth)라고 선포한다. 세상이 진리라고 주장하는 사실들은 사단이 쏟아놓는 '사실이라는 거짓'을 결코 이길 수 없다.

세상은 진리의 자리에 사실을 갖다 놓았다. 또한 진리에 대해 이야기하는 걸 꺼린다. 진리를 알 수 없다고 생각하거나 다른 이들과의 마찰을 두려워하며 자신이 인정하고 받아들인 진리에 대해서도 용기 있게 말하지 않는다.

이 혼란 때문에 많은 이들이 사단의 거짓말을 어떻게 극복해야 할지 모른다. 그들의 칼은 무디고 방패는 여기저기 뚫려있다. 그들의 믿음은 생각과 감정이라는 것에 끌려다닌다. 그건 믿음이 아니다. 너희가 성경에서 보듯이 나는 진리가 무엇인지 수없이 설명했지만 사실에 대해서 이야기한 적은 거의 없다. 세상은 사실에 대해 많은 이야기를 하지만 진리는 용기 있게 말하지 않는다.

우울증을 앓는 네가 시달리는 고통스러운 생각과 언어, 곧 원수의 거짓말을 이길 수 있는 건 사실이 아니라 진리다. 네 이성적 생각이나 의지가 아니라 내가 선포하는 진리다.

에덴에서 쫓겨난 인간의 실존적 상처와 아픔은 그 뿌리가 깊고 크다. 너희가 가진 희망과 이성적 사고만으로는 에덴을 떠난 인간이 가진 실제적 아픔과 고통, 내가 가죽옷으로 가려준 상처를 깨끗이 치료할 수 없다. 진리가 아닌 객관적 사실로는 사단의 거짓말을 능히 이길 수 없다.

진리가 무엇이냐고 지금 물었느냐? 성경에는 무엇이라고 하더냐? 그리고 내 외아들 예수는 진리에 대해 무엇이라고 하더냐?

아버지의 말씀이 곧 진리입니다. 요 17:17

나는 길이요 진리요 생명이다.
나를 거치지 않고서는 아무도 아버지께 갈 수 없다. 요 14:6

예수께서는 당신을 믿는 유다인들에게 이렇게 말씀하셨다.
"너희가 내 말을 마음에 새기고 산다면
너희는 참으로 나의 제자이다.
그러면 너희는 진리를 알게 될 것이며
진리가 너희를 자유롭게 할 것이다." 요 8:31,32

그렇다. 내가 너희에게 일러준 말이 진리다. 내 뜻과 의지와 사랑과 약속이 진리다.

사람이 태어나고 늙고 병들고 죽는 건 사실이다. 그러나 영원한 생명을 너희에게 약속한 내 진리 앞에서 그 사실은 거짓에 지나지 않는 사실이다. 사실들은 진리에 속한 것도 있고 거짓에 속한 것도 있다. 에덴을 떠난 너희들을 묶고 있는 죄와 사망의 법칙은 사실에 속하지만 죄를 없애고 생명을 선물하려는 내 뜻을 거스르는 것이므로 이 또한 거짓에 속한다.

사랑과 진리가 모든 것을 다스리는 날이 오면 저주 아래 놓였던 세상의 사실과 현상과 법칙들은 안개처럼 사라질 것이다. 그러니 일시적 현실로 다가서는 사실들 앞에 움츠러들지 말라.

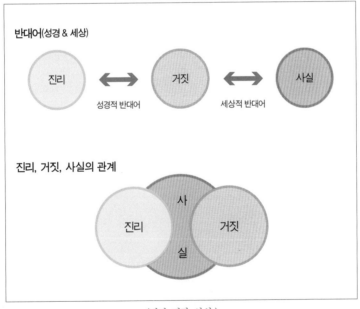

〈진리, 거짓, 사실 〉

생로병사(生老病死)는 사실이다. 그러나 진리는 아니다. 내 뜻도 아니고 내 계획도 아니고 내 약속도 아니기 때문이다. 선한 행실로 복받고 악한 행실로 벌받는 건 사실이다. 그러나 이 사실이 진리는 아니다. 죄 때문에 죽어야 할 널 대신해서 십자가에서 내가 대신 죽고 다시 살아나 영원하고 복된 생명을 네게 준 것이 진리다.

사람의 마음에 악이 가득하여 평생 동안 미친 마음을 품다가 나중에는 한 줌 흙으로 돌아가는 건 사실이다. 그러나 이 또한 진리는 아니다. 네가 가던 길을 돌이켜 내 품으로 돌아오면 나는 너를 내 자녀 삼고 영원히 너와 사랑을 나누며 세상이 알지 못하는 평안과 기쁨을 함께 누릴 것이기 때문이다.

그러니 인유야, 이제 알겠느냐? 진리는 지음을 받은 모든 것에 대한 내 뜻, 곧 지은 이의 뜻과 의지와 사랑이다. 진리는 어느 것에도 끌려다니거나 영향을 받지 않는다. 나는 회전하는 그림자도 없이 스스로 있는 자가 아니냐?

진리는 종속 변수가 아니다. 독립 변수다. 진리는 또한 자연 현상, 법칙, 인생에 대한 관찰과 분석으로 이끌어낼 수 없다. 현상계에서 드러난 여러 사실들에서 추측해낼 수도 없다. 왜냐하면 너희가 보고 알고 체험하는 현상계(인간의 실존적 모습과 환경)는 내 뜻을 떠나 죄의 법, 사단의 법을 따라 움직이는 게 대부분이기 때문이다. 에덴을 떠난 이후 너희가 피할 수 없는 고통을 안고 사는 것도 이 때문이다. 그러니 네 눈과 귀와 손과 머리와 마음으로 확인된 사실을 들어 참 소망과 기쁨과 평안을 빼앗아가려는 사단 앞에 결코 주눅 들지 말라.

새빨간 거짓말만이 거짓이 아니다. 진리와 맞서는 모든 것, 창조주의 사랑과 뜻과 약속을 거스르는 모든 사실과 법칙들이 거짓임을 기억하라. 나의 뜻과 약속과 계획을 거스르는 모든 언어와 생각과 노력도 거짓이다. 여기엔 진리와 상관없는 사실에 근거한 사유와 이론과 주장이 모두 포함된다. 네가 맞서서 싸워야 할 것이 무엇인지 이제 알겠느냐?

내게는 이런 거짓을 뛰어넘는 내 뜻이 있고 계획이 있고 꿈이 있다. 네 생각과 감정을 떠나 내 뜻과 약속을 믿음으로 잡을 때 너를 향한 내 꿈은 너의 현실이 된다. 너를 끔찍이 사랑하여 내 아들 목숨까지 내놓은 자비로운 이, 나 여호와를 기억하라. 사랑과 진리 안에서 내 자비로운 뜻과 계획은 반드시 이루어진다.

가슴과 영혼의 언어를 머리의 언어로 이해하려 들지 말아라. 네 수고가 헛될 것이다. 이해되지 않을 것이다. 사람이 가진 지식과 이성만으로 나를 만난 사람은 아직 아무도 없다. 많은 지식인들이 나를 만나지도 알지도 못하는 이유가 여기에 있다. 그들이 자랑하는 이성(理性)이 쇠

벽이 되고, 그들이 뽐내는 지식이 화려한 옷이 되어도 결국은 발가벗고 내게 달려와 내 발을 붙잡고 도와달라고 부르짖어야 할 자신의 실존적 모습을 인정하려 들지 않는다.

사람의 몸을 입고 내가 지은 세상을 찾아 내려갔을 때 나를 가장 먼저 알아보고 달려온 이들은 세리(稅吏), 창녀, 죄인, 어부들이었다. 영적 지도자, 성전 책임자, 정치인들은 나, 곧 진리를 십자가에 못 박았다.

죄악으로 가득한 널 불쌍히 여겨 내가 대신 오른 십자가에서 쇠못이 내 손과 발을 뚫고 지나가던 그때…. 더 아프게 찢어진 건 널 향한 내 가슴이었지 내 손발이 아니었다. 그래서 널 위해 기도하는 내 가슴을 네가 만졌더라면 네 손은 내 가슴속 불덩이로 심하게 데었으리라. 이것이 어떻게 가슴이 아닌 머리의 언어로, 영혼이 아닌 지식의 언어로 전해질 수 있단 말이냐?

아서라. 오직 모든 말과 언어가 멈춰버리고 내 뜨거운 가슴 불에 네 영혼이 확 데어 너와 나의 눈빛이 번개처럼 부딪힐 때 너를 향한 내 언약과 외침이 네 가슴과 영혼을 파고들 것이다. 네 영혼육은 용광로 안 쇳물처럼 녹아버리고, 비로소 너는 입을 다물고 네 생각을 멈추고… 나를 그냥… 껴안을 것이다. 머리가 뛰어넘지 못한 쇠 벽을 가슴이 뛰어넘을 것이다. 그리고 모든 것이 이해될 것이다.

이 진리는 아무도 네게 가르쳐줄 수 없다. 네 영혼육으로 체험될 수 있을 뿐이다. 오직 변화된 삶으로 그 능력이 보일 뿐이다. 너와 내 눈이 마주치고 너와 내 가슴이 부딪히는 것처럼….

바로 이 사랑을 내가 외쳐왔다. 바로 이 껴안음을 내가 기다려왔다. 너와 내가 한몸이 될 날을 내가 사모해왔다.

전 성경 대화기도

은혜로웠던 단편적 대화기도 역시 어느 시점에서 한계를 보였다. 주님과 나누는 깊은 친밀감 안에서 매일 매 순간 부활을 살아가고픈 열망을 채우기에는 역부족이었다. 그 결과 2010년경, 또 다른 신앙 위기를 맞았다. 다른 무언가가 절실히 필요했다.

내가 낙심하였을 때에 하나님께서 매일 신구약(新舊約)과 시가서(詩歌書)가 적절히 섞여 성경을 1년 1독으로 묵상할 수 있는 일정표를 보여주셨다. 이를 따라 매일 주어진 말씀으로 주님과 대화하기 시작했다.

예전처럼 매일 묵상이나 부분적 말씀으로 대화하는 게 아니라 성경 전체를 조금씩 읽어가며 주요 구절마다 멈추어 주님과 이야기했다. 하나님께 친히 독선생이 되어달라고 간청한 지 19년이 지난 후였다.

이로써 복음의 핵심이 중심 고리가 되어 주요 말씀들이 긴밀하게 이어졌다. 그 말씀들은 서로를 더 예리하게 다듬어주었고, 더 선명하게 하나님 사랑과 진리를 가슴판에 새겨주었다.

단편적 말씀기도가 필요할 때마다 하나님의 도움을 구하는 기도라면, 전 성경 대화기도는 하나님과 인격적 사랑을 나누는 기도였다. 성경 전체를 따라 주님과 나누기 시작했을 때, '아, 하나님께서 하실 말씀이 참 많으시구나!'라고 생각하지 않을 수 없었다.

수년간 단편적 대화기도를 하며 말씀이 육신이 되어 우리 가운데 거하시는 주님이 오늘 내 삶에 이미 와 계신다는 사실이 점점 더 선명해졌다.[3]

더욱이 전 성경 대화기도로 넘어가면서 주님과의 심정적 거리는 점점 더 좁혀졌다. 서먹서먹하던 간격을 넘어 1미터 이내로 다가오신 주님과 더욱 친밀한 대화를 하게 되었다. '그분을 향한 기도'에서 '당신과 나의 친밀한 대화'로 바뀌었다.

오늘 주어진 말씀으로 기도를 시작했지만, 그 말씀에 한정되지 않았다. 기도는 오늘 내 삶과 생각과 감정으로 확대되었고, 주님은 나를 위한 인격적, 개인적, 주관적인 메시지를 더하셨다. 오직 믿음으로 가능한 대화였다.

이처럼 우리는 대화식 말씀기도를 통해 구원받은 성도가 처한 상반

---

3 말씀이 육신이 되어 우리 가운데 거하시매 우리가 그 영광을 보니 아버지의 독생자의 영광이요 은혜와 진리가 충만하더라 요 1:14

된 두 현실 곧 하늘의 현실(진리)과 땅의 현실(사실)이 치열하게 다툴 때, 하늘의 진리로 이 땅의 사실을 다스릴 수 있는 넉넉한 힘을 기를 수 있다.

대화식 말씀기도 사례

CHAPTER

4

대화식 말씀기도와 요약

나는 대화식 말씀기도 중에 주님과 주고받은 대화를 상세히 기록하라고 권하지 않는다. 인격적 대화에 집중하고, 시간과 힘의 낭비를 줄이기 위해서다.

나중에 기억하기 위해서 정리한다면 핵심 단어 혹은 아주 간단한 글만 남기고 하나님과의 대화에 계속 집중하길 권한다. 필요하다면 대화가 끝난 후에 중요한 주님의 설명, 가르침, 자신의 깨달음과 변화를 요약하면 된다.

그러나 많은 이들이 실제 예를 보지 않고는 대화식 말씀기도가 무엇인지, 어떻게 할 수 있는지 이해하기 어려워한다. 이를 돕기 위해 내가 믿음으로 나눈 주님과의 대화를 좀 더 자세히 보여주려고 한다.

같은 이유로 내가 해왔던 대화식 말씀기도 요약 사례도 제시한다.

나는 말씀기도가 끝난 후, 노트에 기록된 핵심 단어와 간단한 글을 참조하여 하나님의 설명, 가르침, 계시 및 나의 성찰, 깨달음, 결단을 적어두었다. 마치 말씀묵상처럼 보이지만 주님과의 인격적 대화를 요약한 것이다.

대화식 말씀기도 사례 1

주께서 나의 등불을 켜심이여(1994년 1월)

(대화식 말씀기도의 초기 예다. 하나님은 성경으로만 말씀하셨고, 나는 그 말씀에 반응했다. 인격적인 하나님과의 대화가 아직 익숙하지 않고, 오늘 내게 주시는 개인적이고 주관적인 메시지가 과연 하나님에게서 온 것인지 확신이 없던 때였다. 하나님은 오직 보편적이고 객관적인 성경 말씀으로만 말하신다고 여겼기에 개인적이고 주관적인 하나님의 메시지는 잘 받지 못했다.)

> 주께서 나의 등불을 켜심이여
> 여호와 내 하나님이 내 흑암을 밝히시리이다
> 내가 주를 의뢰하고 적군을 향해 달리며
> 내 하나님을 의지하고 담을 뛰어넘나이다 시 18:28,29

Ⓗ (하나님): **주께서 나의 등불을 켜심이여**

I (나): 정말인가요, 주님? 믿기지 않아요! 하지만 정말이라면 주님을 어떻게 맞이해야 할까요? 어쨌거나 불 꺼진 제 방에 들러주셔서 고마워요. 거친 들판에 버려진 집, 이 작은 방에 아무도 오지 않았는데 조금 전 주님이 뚜벅뚜벅 걸어오셨어요. 정말 꿈만 같아요. 오랫동안 잠자던 제 가슴이 쿵쾅거리기 시작하네요.

제 집에 들르신 분이 바로 하나님, 땅과 하늘을 지으신 바로 그 주님이시라니! 주님의 손이 희미하게 보이네요. 오래전부터 말라서 바닥난 제 등잔에 기름을 부어주시는 손, 삭아버린 심지를 새것으로 갈아 끼워주시는 손.

오래 꺼져있던 등불이 환히 켜졌습니다. 아! 타는 불빛, 훅 밀려오는 등유(燈油) 냄새, 금빛으로 빛나는 방. 주님 그림자가 갈라진 벽에 어른거립니다. 어떻게 이런 일이…. 고맙고, 고맙고 또 고맙습니다!

H 여호와 내 하나님이 내 흑암(黑暗)을 밝히시리이다

I 파도처럼 몰려오는 어두운 사실들과 악한 영이 던지는 여러 거짓말에 사로잡혀 있었어요. 티끌만 한 소망과 생기도 없었고요. 불과 3개월 전에 하나님을 만났는데도, 지금 제 영혼은 새까만 어둠입니다.

그러나 오늘 다시 저를 찾아오신 당신께서 이 모든 어두움, 절망과 불안과 죽음을 몰아내셨어요. 제 마음에 소망, 평안, 생명의 빛이 잔잔히 들어섭니다.

Ⓗ 내가 주를 의뢰하고 적군을 향해 달리며

Ⓘ 이제 허약한 팔을 펴고 몸을 일으킵니다. 생명의 등불이 켜진 지금, 주님 말씀을 크게 외치며 적진을 향해 달릴 겁니다. 믿음의 방패로 소나기 같은 불화살을 쳐내고 주님의 말씀, 곧 성령의 칼로 그들의 목을 베어버릴 겁니다.

Ⓗ 내 하나님을 의지하고 담을 뛰어넘나이다

Ⓘ 적들이 높고 넓은 성채(城砦) 안에 제 영혼을 가두었어요. 그러나 이제 독수리 같은 날개를 타고 성벽을 뛰어넘습니다. 나의 왕, 나의 하나님을 만났던 그날, 저는 참 자유를 맛보았어요. 그런데도 원수들의 감옥에 다시 갇혀버렸습니다. 이럴 순 없습니다.

하나님이 던지시는 밧줄을 다시 단단히 붙듭니다. 더는 원수들의 거짓말을 받아들이지 않겠습니다. 사랑과 진리로 저를 무장시키시는 주님, 이제 저는 원수의 그물을 찢고, 그 목을 베어버리고 높은 담을 뛰어넘습니다.

대화식 말씀기도 사례 2

두려워 말라 내가 너와 함께함이니라(2018년 1월)

(잠 못 이룰 정도로 두려움이 몰려올 때 하나님의 감동으로 받은 말씀으로

대화했다. 하나님의 메시지에는 성경 말씀과 더불어 오늘 내 삶에 연결된 개인적, 주관적 대화가 섞여있다.)

새벽 2시, 또다시 잠이 달아났다. 여러 사역을 생각하자 심한 무력감을 느꼈다. 자라나는 손주들과 가까이 있지 못하는 현실적인 문제 등이 밀려왔다. 몸을 뒤척이며 하나님을 바라보았다. 이사야서 41장 10절 말씀이 떠오른다. 곧 하나님과 이야기하기 시작했다.

두려워하지 말라 내가 너와 함께함이라
놀라지 말라 나는 네 하나님이 됨이라
내가 너를 굳세게 하리라
참으로 너를 도와주리라
참으로 나의 의로운 오른손으로 너를 붙들리라 사 41:10

🅷 혼자 있지 마라.
🅸 아, 아버지 하나님, 곁에 계셨군요! 그래요. 혼자 생각하고, 씨름하고, 염려하는 중입니다. 괴롭습니다.

🅷 **내가 늘 네 곁에 있다. 내 아들 예수도, 성령도 함께 있지 않니?**
🅸 자꾸 깜박깜박합니다. 일러주시니 고마워요. 이제야 숨 좀 돌릴 수 있네요. 하지만 풀리지 않은 일들을 생각하면 잠이 오지 않습니다. 무

얼 어떻게 해야 할지, 이 사역에 참여하는 사람들이 절 어떻게 받아들일지, 어떻게 해야 그 마음에 사랑과 진리가 화살처럼 꽂힐지….

Ⓗ 두려워 말아라. 내가 너와 함께하고 있다.

Ⓘ 네, 알고 있습니다. 그래도 이 두려움이 쉬이 가시지 않네요.

Ⓗ 너만 그랬던 게 아니다. 떨기나무 덤불에서 내가 모세를 부를 때, 포도주 틀 앞에서 기드온을 부를 때, 눈물 많은 예레미야를 선지자로 부를 때 저들은 하나같이 도망치려고 했다. 뻗대고, 손사래를 치며 "저는 아닙니다"라고 뒷걸음쳤지. 너를 그 사역으로 부른 게 L목사냐, 나냐?

Ⓘ 하나님입니다.

Ⓗ 내가 널 부를 때 지난 사흘간 새벽에 잠을 설칠 정도로 너를 혼자 버려둘 것 같았니? 네 허약한 몸과 마음에 모든 짐을 던져놓고 내가 떠날 것 같아?

Ⓘ ….

Ⓗ 내 아들을 십자가에 들어 올려 피를 흘리기까지 널 귀히 보고 사들인 나다. 그를 무덤에서 일으켰을 때 네게 새 생명을 심어준 나다. 그리고 오늘도 그의 모습으로 너를 빚어가는 중이야. 내가 널 위해 능치 못할 일이 있겠니?

Ⓘ 죄송합니다. 할 말이 없습니다.

🅗 **놀라지 마라. 나는 네 하나님이다.** 다른 어떤 사람의 하나님이기 전에 바로 네 하나님이야. 지금 여기 혼자서 씨름하고 있는 네 하나님. 네가 산더미 같은 어려운 일을 맡았다는 느낌에 얼마나 힘든지 내가 다 안다. 하지만 이를 맡기고 돕는 이는 다른 이가 아니라 바로 나, 네 하나님이다. 다른 누구의 하나님이 아니다. 지금까지 너를 이끌어 온 네 하나님이다.

🅘 하지만 제가 작아지고 무기력할수록 다른 사람들이 섬기는 하나님은 커 보이고, 제가 믿는 하나님은 작아 보입니다.

🅗 과연 그러냐? 잠깐 지난 일을 찬찬히 떠올려보아라.

🅘 1993년 10월 17일, 의심 많던 제 가슴에 불 인두로 믿음을 새기셨고, 이듬해 이른 봄, 영혼의 목을 조르던 마귀 떼를 말씀으로 깨끗이 치워주셨지요. 그리고 3년 후에는 여전히 우울증에 시달리던 제 손을 꼭 붙잡고 한국으로 데려오셨습니다. 그리고 신공항 시스템 통합에 저를 밀어 넣으셨지요.

놀라운 도움을 수없이 많이 보여주셨어요. 그래서 지금 제가 여기까지 왔습니다. 《아바의 팔베개》, 〈사자(獅子) 수레바퀴〉를 쓰고, 말씀기도와 회복사역으로 걸어온 길과 열매들 모두 놀라운 하나님의 열심이었습니다.

🅗 이 모든 걸 도운 이가 정말 네 하나님이냐 아니면 특별한 사람들의

하나님이냐?

🅘 제 하나님이십니다.

🅗 그렇다면 네가 전혀 알지도, 경험하지도 못한 그 사역이 놀랍고 두려워할 일이겠니? 너 혼자 갈 길이라면 놀랄 수밖에 없겠지. 그러나 이일은 네 일이 아니라 연약한 널 통해 내가 하려는 일이다. 내가 우울증을 떨치지 못한 너를 한국으로 데려올 때도 얼마나 두려워했느냐?

🅘 그랬습니다. 보시다시피 저는 중증 치매 환자 같습니다.

🅗 알고 있다. 너만 그랬던 게 아니지. 모세도, 기드온도, 예레미야도 그런 모습을 보였으니까!

🅘 그렇군요. 수많은 도움을 받아왔으면서도 늘 곁에 계신 하나님을 잊어버립니다.

🅗 인유야, 이제 그만. 어쨌든 **내가 너를 굳세게 할 거야!** 다시 말한다. 내가 반드시 널 굳세게 붙든다.

🅘 진정 제가 굳센 사람이 될 수 있습니까?

🅗 이 약속을 내가 왜 하겠느냐? 네가 연약하기 때문이 아니냐? 그러니 낙심하거나 두려워하거나 놀라지 말라. 내가 널 놋쇠와 다이아몬드처럼 굳세게 할 거야. 에스겔의 이마가 금강석같이 변한 것처럼.

🅘 정말 그렇게 될 수 있다면, 제발 그렇게 해주십시오.

ⓗ 내가 약속한다. **참으로 너를 도울 것이다.** 네 마음과 계획과 말과 행동을 내가 직접 도울 것이다.

ⓘ 약골인 저를 군세게 하시고, 무지한 저를 참으로 도와주실 하나님, 감사합니다.

ⓗ 그뿐일까? **참으로 나의 의로운 오른손으로 너를 붙들 거야.** 내 오른손으로 수시로 넘어지는 널 언제나 붙들 거다. 두려워하지도, 놀라지도 말고 그냥 가라. 내가 너와 늘 함께 있다. 그리고 널 통해 내 마음을 흘려보낼 거야. 놀라운 일을 결행할 거야.

ⓘ 고맙습니다. 오직 하나님을 주목하게 도와주소서.

대화식 말씀기도 요약1

치열한 삶의 현장에서 주님과 나누는 정직한 대화(2015년 10월)

여자가 이르되,

"주여 물 길을 그릇도 없고 이 우물은 깊은데

어디서 당신이 그 생수를 얻겠사옵나이까?"

"내가 주는 물을 마시는 자는 영원히 목마르지 아니하리니

내가 주는 물은 그 속에서 영생하도록 솟아나는 샘물이 되리라."

여자가 이르되,

"주여 그런 물을 내게 주사 목마르지도 않고

또 여기 물 길으러 오지도 않게 하옵소서." 요 4:11,14,15

주목해보라. 모세가 처음 하나님을 만나 어떻게 다투었고, 기드온은 하나님을 어떻게 시험했고, 요나와 욥은 하나님께 어떻게 대들었는가. 또 사마리아 여인은 어떠했는가. 모두가 한결같이 동문서답, 횡설수설, 우왕좌왕했다.

그러나 놀랍게도 하늘과 땅을 지으신 하나님은 화내지 않고 차근차근 그분의 선하신 뜻을 설명하고 변호하며 기다려주셨다. 우리에게 필요한 건 서툴지만 하나님과 직접 이야기하려는 '진심과 정직'이다. 유창한 말솜씨나 하나님 마음을 단박에 알아맞히는 지혜가 필요한 게 아니다. 보이든 보이지 않든 살아계신 하나님과 눈 맞추고, 알아듣든 못 알아듣든 그분의 음성에 귀 기울이고, 벙어리 입술이라도 열어서 말도 안 되는 소리를 내지르는 정직이 필요하다. 하나님은 이를 기뻐하고 기특해하신다.

자녀가 보지도, 듣지도, 말하지도 못한다면 그 부모의 마음이 어떨까. 그런데 어느 날 그 아이가 보이든 보이지 않든 부모를 보려 하고, 들리든 들리지 않든 들으려 하고, 되든 안 되든 말하려 한다면 얼마나 기쁠까!

모세, 기드온, 수가성 여인이 조용히 묵상하면서 하나님께 나아갔는가? 아니다. 모세는 양을 치는 고된 일상에서, 기드온은 적군에게 들킬까 봐 숨어서 타작하는 중에, 수가성 여인은 동네 사람들을 피해 물을 길러 나왔다가 하나님을 만났다.

조용히 숨을 가다듬고 마음을 잠잠히 가라앉히고 묵상한다면 그분의 임재를 더 확실히 느끼는 데는 유익할지 모른다. 그러나 하나님을 인격적으로 만날 수 있는 필수 조건이라고는 말할 수 없다.

하나님의 음성을 듣기 위해, 혹은 그분과 이야기하기 위해 어떤 특별한 영적 상태나 절차가 필요한 게 아니다. 오직 정직과 진심으로 있는 그대로 하나님께 나아가라. 참 사랑은 우왕좌왕하는 가운데 깊은 상처를 입더라도 마음의 생살을 정직하게 드러내는 것이다.

사랑은 몸과 마음을 꾸미는 게 아니라 알몸으로 나아가는 것이다. 금단(禁斷)의 열매를 먹기 전에 아담과 하와가 그랬던 것처럼.

대화식 말씀기도 요약2

평범한 일상은 하늘을 향해 열린 문(2015년 11월)

"악하고 음란한 세대가 기적을 요구하나
요나의 기적밖에는 보여줄 것이 없다."

그리고서 예수님은 그들을 떠나가 버리셨다. 마 16:4

기적이란 믿음을 심어주는 사건은 될 수 있어도 그 믿음을 자라게 할수는 없다. 평범한 삶 속에서 오직 믿음으로 너와 함께 있는 나를 바라보고 함께 걸어갈 때에야 믿음은 자라기 시작한다.

그러면서 너는 보이지 않는 영원한 실체와 현실로 점점 더 가까이 들어선다. 오직 믿음으로 내 궁정에 출입하는 걸 연습할 때, 믿음이 자라고 선한 열매가 맺힌다.

그러므로 전에 보지 못했던 새로운 기적을 요구하지 말라. 또한 네 눈과 귀에 이미 익숙한 일상의 기적을 가벼이 여기지 말라. 햇살의 따스함, 단풍의 아름다움, 오늘 주어진 생명과 호흡은 네게 주어진 질서 안의 기적이요 선물이다.

이를 새롭게 바라보며 내게로 오라. 그때에야 주위 여러 것에서 하늘을 향해 열려있는 문들을 보게 될 것이다. 네 눈에 익숙한 것들을 주목하며 내 참사랑을 찾아보아라. 그리고 네 곁에 있는 내 손을 꼭 잡아보아라!

보편적이고 객관적인 성경 말씀,
이로써 출발한 대화가
어떻게 개인적이고 주관적인
대화로 이어질 수 있을까?

흔히 말하는 말씀기도와는
무엇이 다르며,
몇몇 대표적 묵상 훈련들과
어떻게 차별화되는가?

PART 2

말씀기도로 대화하다

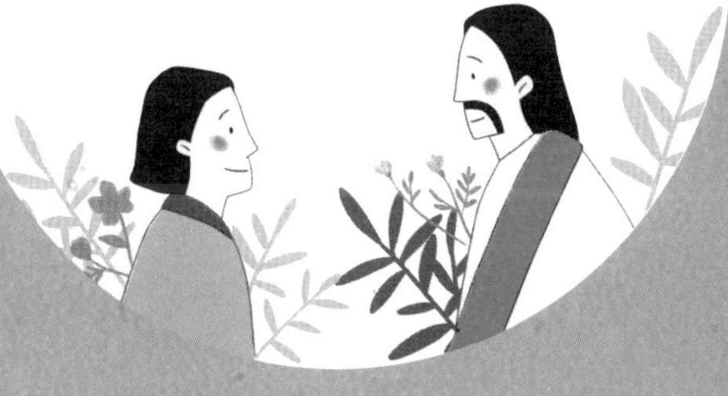

대화식 말씀기도의
시작

CHAPTER

1

보이지 않는 영적 샘터

맑고 시원한 물이 끊임없이 솟아나오는 샘터에서 목이 타들어 간다고 누군가에게 하소연하면 그가 뭐라고 할까? 기가 찬 나머지 "이런 답답한 사람을 봤나? 당장 이 샘물을 마시지 않고 뭐해?"라고 소리칠 것이다. 그러나 실재하지만 보이진 않는 영적 샘터에서는 이야기가 사뭇 달라진다.

나는 미국에서 하나님을 만난 후 첫 몇 해 동안 진리와 사실 사이에서 숱한 씨름을 하며 주님이 친히 건네시는 생명의 물을 자주 맛보았다. 그러나 한국으로 돌아와 신공항 건설 사업에 참여하면서 또 다른 도전에 부딪혔다. 시원한 생명수와 같은 예수 그리스도를 바로 앞에 모시고도 심한 갈증과 외로움을 느끼는 일들이 잦았다.

다행히 이 도전은 하나님의 적절한 평안과 기쁨, 사랑과 위로, 소망과 격려 가운데서 주어졌다. 또 하나님께서는 나를 생각과 감정에 치우치지 않는 믿음으로 훈련시키셨다. 그것은 '자의식(自意識)'에서 '주의식(主意識)'으로 의식의 중심을 옮기고, '단편적' 말씀기도에서 '통전적' 말씀기도로 시야를 넓히는 훈련이었다.

이와 함께 하나님께서 끊임없이 불어넣으신 두 가지 열망이 있었다. 하나는 평범한 일상 중에 계신 비범한 하나님을 바라보는 것이고, 다른 하나는 그분의 섬세한 사랑을 매일 새롭게 체험하려는 열망이었다. 그러나 순간순간 벌어지는 악한 상황과 그로 인한 두려움이 내 곁에 계신 주님을 먹구름처럼 가렸다.

모든 방법을 동원해 경쟁적으로 이윤을 추구해야 하는 일터와 헌신하며 이웃을 섬기는 성도들 사이에 일어나는 갈등을 보면 마음이 답답했다. 또한 고등학교를 마치고 미국으로 돌아간 두 아이의 방황을 보면서 하나님의 뜻을 따르며 감사하고 기뻐하고 평안을 누리는 게 얼마나 어려운 일인지 뼛속 깊이 느꼈다.

하나님께서는 나를 콜로라도에서 6년 동안 말씀으로 훈련시키셨고, 평범한 일상에서 평범하지 않은 당신의 얼굴을 바라보며 서툴게라도 대화하게 하셨다. 정말 어려웠다.

내 앞에 놓인 하나님의 샘물을 믿음으로 마시지 못하고 심한 갈증을 느껴도 두려움으로 허둥대며 자주 이 우물 저 우물을 팠다. 그러나 어디에서도 타는 목을 적실 물은 한 방울도 나오지 않았다. 하나님은 내게 이 말씀을 떠올려주셨다.

> 나의 백성은 두 가지 잘못을 저질렀다.
> 생수가 솟는 샘인 나를 버리고 갈라져
> 새기만 하여 물이 괴지 않는 웅덩이를 팠다. 렘 2:13

> 명절 끝날 곧 큰 날에 예수께서 서서 외쳐 가라사대
> 누구든지 목마르거든 내게로 와서 마시라
> 나를 믿는 자는 성경에 이름과 같이
> 그 배에서 생수의 강이 흘러나오리라 하시니 요 7:37,38

되돌릴 수 없는 훈련은 이미 시작되었고, 하나님과 씨름했던 야곱처럼 말씀과 현실 사이에서 줄다리기가 계속되었다. 이런 삶 속에서 주님이 친히 건네주시는 샘물과 오직 믿음으로 스스로 떠 마시는 샘물을 번갈아 맛보았다. 두 가지 물맛은 처음엔 서로 달랐다.

주님이 친히 건네신 물은 오감(五感)으로 즉시 목을 축이는 시원하고 맛난 물이었으나 말씀기도로 떠서 마신 물은 처음엔 특별한 맛이 없었다. 그런데 점차 뱃속에서 흘러넘치는 생명의 물로 바뀌었다. 가나 혼인잔치에서 물이 포도주로 변하였듯….

자의식을 떠나 주의식으로

　건강을 회복할 즈음 국책(國策) 사업인 인천 신공항 건설에 참여하게 된 건 그나마 다행이었다. 한국으로 돌아와 큰아이는 고교 3학년, 작은아이는 2학년으로 학교에 다녔다.

　그러던 1998년 어느 날, 월미도에서 영종도로 출퇴근하는 배편에서 하나님이 물으셨다.

　"인유야, 네가 참석하는 회의장에 내가 앉을 자리 하나 내어줄 수 있겠니?"

　"네? 그 자린 좀 불편하실 걸요. 온갖 더러운 이해관계가 얽혀있거든요. 때로는 말도 안 되는 고함이 오가고, 생트집과 모함이 판치고…."

　"그래, 잘 알고 있다. 그래도 네 곁에 내가 앉도록 자리를 마련할 수 있니?"

　"굳이 그러기 원하신다면 잘 될지 모르지만 한번 해볼게요."

　그렇게 약속했지만 처음엔 잘 지키질 못했다. 회의장은 주로 신공항 공사 본부장, 해외 기술자, 국내 용역업자들이 각자의 이해관계에 얽혀 날카로운 대립과 협상을 이어가는 장소였다. 소란한 그곳에서 내 곁에 앉아계신 하나님의 얼굴을 바라보며 그 뜻을 묻고 상의하고 주어진 일에 최선을 다하기는 무척 어려웠다. 그러나 신선한 도전이었다.

　하루 업무를 마치고 나서 책상을 정리할 무렵이면 '오늘은 한 번도 하나님과 상의한 적이 없네', '아까 그 본부장이 기분 나쁜 질문을 했을 때 왜 하나님께 묻지 않았지? 화를 참지 못하고 왜 어리바리한 말만 늘어놨을까?' 하는 후회와 탄식이 이어지는 날들이 많았다.

그러나 하나님은 이 훈련을 포기하지 않으셨다. 한 3년쯤 지나자 임원회의에서도 그분과 상의하게 되었다. 그러자 갈등 상황에서도 침착하게 소신을 말할 수 있었다. 그렇다고 매번 지혜로운 결정을 내렸던 건 아니다. 그만큼 내 안의 두려움과 탐욕은 하나님 뜻과 음성을 흐리게 했다.

하나님의 음성을 제대로 듣고 순종하는 건 끊임없는 훈련이 필요했다. 세상과 하나님의 뜻이 충돌하면 여전히 우왕좌왕했지만 수많은 시행착오를 거치며 그분의 뜻에 순종하는 걸 배워갔다.

나를 보고, 주위를 보고, 앞날을 걱정하는 자의식, 즉 자기중심적 생각은 나를 죽음으로 이끌었다. 그러나 전후좌우에 계신 삼위 하나님을 믿음으로 바라보는 주의식, 즉 성령의 생각은 나를 생명과 평안으로 데려갔다.

　　육신에 속한 생각은 죽음입니다.
　　그러나 성령에 속한 생각은 생명과 평화입니다. 롬 8:6

자의식이 죽이는 독약이라면, 주의식은 살리는 보약이었다. 자의식은 나를 어두운 땅 아래로 던졌고, 주의식은 하늘 위로 들어 올렸다.

혼잣말은 그만, 이제 나와 이야기하자!

어느 때부터 임마누엘 주님이 말씀하셨다.

"인유야, 혼자 있지 마라. 너는 혼자가 아니잖니? 혼잣말은 이제 그만! 나와 함께 이야기하자!"

나는 대답했다.

"주님, 싫어요. 저도 가끔 혼자 있고 싶어요. 늘 주님과 같이 살아야겠지만 제게도 혼자만의 시간이 필요해요. 주님도 매일 새벽에 홀로 동산에 오르셨잖아요."

"정말 그러하냐?"

주님은 자세히 풀어서 설명하셨다.

"일터, 사회 혹은 공동체 안에서 여러 사람과 함께 어울리기를 권하는 세상도 혼자만의 시간이 필요하다고 말한다. 과연 그렇다. 아버지 하나님과 연결되지 않은 그들에겐 꼭 필요하다. 쉼을 위해서, 새로운 아이디어를 찾기 위해서, 혹은 세상을 멀찍이 두고 자신과 주위를 보다 더 정확히 보기 위해서.

하나님이 없는 그들에게는 푸념을 받아주고 위로해줄 사람이 아무도 없고, 기발하고 도움이 되는 생각을 늘 줄 수 있는 이도 없기 때문이다. 오직 하나님 아버지만이 이 일을 하실 수 있다. 하나님과 함께하면 혼자 푸념하거나 사색할 필요가 없다.

내가 2천 년 전, 제자들이나 무리를 떠나 혼자 동산에 오른 건 혼자 있기 위해서가 아니었다. 아버지와 함께 있으며 기도하고 이야기하기 위해서였다. 아버지 안에서 나는 진정한 휴식과 위로를 얻었고, 그 뜻을 들었고, 여러 메시지를 받았다.

세상 사람들과 달리 아버지와는 아무리 오래 이야기해도 지치지 않았고, 사랑과 기쁨과 평안을 누리는 데 다함이 없었다. 늘 그렇게 방해받지 않고 함께 있으며 이야기하고 싶었으나, 이 세상에 할 일이 많아서 아쉬운 마음으로 산을 내려오곤 했다. 이같이 나는 어디서나 혼자 있어도 혼자가 아니었다. 아버지가 늘 내 곁에 계셨고, 나도 그분 곁에 머물렀다.

나는 임마누엘 하나님이다. 너와 늘 함께 있는 사람의 아들. 그리고 네게 들려줄 숱한 이야기와 네 손에 담아줄 선물이 가득하다. 그 모든 건 새로운 이야기고 선물이라 다함이 없다.

그래도 혼자 있고 싶으냐? 임마누엘인 나를 네 구세주로 받아들인 후에도? 이제 네 사전에서 '혼자' 혹은 '혼잣말'을 '함께' 혹은 '대화'로 바꾸어야 하지 않겠니? 그것이 네게 주어진 크나큰 축복임을 제대로 이해한다면."

조각난 말씀을 떠나 전 성경 대화기도로

앞서 말했듯 나는 2011년 초겨울, 우연히 성경을 1년에 1독 할 수 있는 일정표를 발견했다. 바로 그날 그것을 따라서 대화식 말씀기도로 들어섰다. 얼마나 다행스러운지 모른다.

신구약과 시가서를 넘나들며 말씀으로 오늘의 삶을 비추는 대화를 시작하고 보니, 말씀이 일상의 삶과 연결되지 않은 때가 없었다. 부분적 말씀으로 부분적 대화를 하던 때와는 달리 전 성경을 따라 하나님과 대화를 시작하니 비로소 흩어진 진주알들이 서서히 복음의 실에 꿰어졌다.

해를 거듭할수록 말씀기도에 열정과 기쁨이 넘쳤고, 주님과의 개인적 친밀감도 깊어갔다. 수년에 걸쳐 말씀기도를 해왔지만, 하루도 심드렁하게 지나간 날이 없었다. 바쁜 일에 쫓겨서 거르지 않는 한, 노다지에서 많든 적든 빛나는 보석들을 매일 골라 줍는 느낌이었다.

뼈아픈 사랑의 대하소설 같은 성경 전체를 한 구절 한 구절 짚어가자 비로소 선명한 그림이 그려졌다. 하나님이 누구시며 그분에게 지금 나는 어떤 자녀인지. 한 해 한 해 밑그림, 초벌 그림, 첫 그림, 두 번째 그림을 그리듯 명암과 색채와 질감이 점점 더 선명해졌다.

'창조, 타락, 구원, 성화(聖化)'의 커다란 물줄기를 따라 주님과 친구처럼 이야기하고 변론하는 수업이 시작되었다. 대화식 수업이었다. 소크라테스와 그 제자들처럼. 그러면서 평범한 일상에서 평범하지 않은 하나님과 순간순간 살아가고픈 열망이 더욱 커졌다. 가능성이 점점 더 분명해졌기 때문이다.

나는 매일 담아올 수 있는 보석을 하루도 놓치기 싫었다. 성경이라는 울타리 안에서 주님과 주고받는 대화는 오히려 더 자유롭고 거침없었다. 꿀송이처럼 달았다. 매번 주님이 주시는 자세한 설명, 계시, 위로, 나무람, 격려, 훈련은 생명 가득한 강에서 낚아 올린 월척(越尺) 같았다.

그래서 삶이 바쁘고 지치고 고통스러울지라도 이 일정을 포기한 적은 거의 없었다. 대화식 말씀기도가 안겨준 특별한 축복과 은혜였다.

대화식 말씀기도의 실제

CHAPTER

2

주님이 차린 식탁, 1미터 안으로

대화식 말씀기도는 주님과 함께 먹고 마시고 이야기하는 것에 비유할 수 있다. 이 식탁엔 나와 주님만이 앉았다. 내가 좋아하는 잡곡밥, 된장국, 김치, 생선, 오이냉채와 산나물 등이 보이고, 주님 가까이에는 빵, 양고기, 몇 가지 수프와 소스가 있다. 식탁 가운데에 포도주가 담긴 유리잔이 반짝거린다. 주님이 아바 하나님께 빵을 들어 감사하고 축사하신 후 우리는 기뻐하며 함께 먹고 마신다.

미처 못 나눈 일상 이야기, 유머, 웃음, 감탄, 칭찬, 격려, 위로가 오간다. 가끔 축배의 잔도 높이 든다. 주님 눈빛엔 온통 나를 향한 각별한 관심과 사랑의 메시지가 가득하다. 식사가 끝날 무렵, 주님이 내게 중요한 질문을 던지신다.

"인유야, 네가 나를 사랑하느냐?"라고 거듭 물으신 후, "내 양 떼를 먹여라" 혹은 "돌보라" 하신다. 그리고 내가 묻는 몇 가지 물음에 자세히 답하신다. 나는 오늘 무엇을 어떻게 해야 하는지 보고 듣는다. 끝으로 주님이 말씀하신다.

"너는 나를 따르라."

나는 일어나 주님 손을 붙잡고 함께 걸어간다.

이같이 말씀기도는 요한복음 21장 내용에 비유할 수 있다. 부활하신 주님이 고기잡이 나간 일곱 제자들에게 나타나 그들과 함께 먹으며 이야기하는 장면이다. 부활의 생명을 은혜로 받은 우리가, 부활 후 육체를 입고 삶의 현장으로 찾아오신 주님과 주고받는 인격적 대화다.

말씀기도는 그와 나(He & Me)의 만남이 아니라 당신과 나(You & Me)의 만남이고 대화다. 가장 두드러진 특징은 주님과의 인격적이고 개인적인 대화라는 점이다. 그러므로 매일 말씀기도에 들어설 때, 성경이나 말씀을 단순한 책자나 활자로 대하는 습관이 없는지 먼저 살펴봐야 한다.

그것은 윤리 교과서나 소설, 논픽션, 연설 혹은 뉴스가 아니다. 오늘 나를 하늘 성소로 부르시는 그리스도 예수님이고, 그분의 음성이다. 그러므로 영원한 육신을 입고 오늘 내게 친구로 오신 주님을 눈으로 보는 것보다 더 실제적이고 구체적으로 맞아들여야 한다.

이스라엘 민족은 포로로 잡혀갔던 바벨론에서 예루살렘으로 돌아오자마자 무너진 성전부터 다시 세웠다. 그해 칠월 초하루에 모든 백성이 예루살렘 수문(水門) 앞 광장에 모였다. 하나님 말씀을 듣기 위해 서였다.

학자 에스라가 단 위에 서서 율법책을 펴자 백성들은 모두 일어섰다. 그리고 엎드려 경배했다. 그들은 에스라가 편 책을 단순히 책이 아닌 살아계신 하나님으로 보았다(느 8:1-18). 말씀기도에서 성경책을 펴고 말씀을 보는 우리도 이같이 인격적으로 주님을 맞이해야 하지 않을까?

말씀기도를 시작하기 전에 주님과 나 사이의 심정적 거리가 1미터 이내로 좁혀지지 않았다면, 잠시 멈추어 마음을 가다듬고 허물없이 이야기할 수 있는 간격으로 주께 다가서야 한다. 이는 오직 믿음으로 할 수 있다. 최근의 감사거리, 지난 세월 하나님이 베푸신 특별한 은혜와 타인에게 드러난 살아계신 하나님을 기억해보라.

또는 아래 말씀 중 한두 절을 선포한 후에 1분 정도 말씀에 푹 잠겨보라. 나를 귀한 식탁으로 불러주신 주님 얼굴을 고마운 마음으로 바라본 후에 성경 읽기로 들어서길 권한다.

볼지어다 내가 문밖에 서서 두드리노니

누구든지 내 음성을 듣고 문을 열면

내가 그에게로 들어가 그와 더불어 먹고

그는 나와 더불어 먹으리라 계 3:20

말씀이 육신이 되어 우리 가운데 거하시매

우리가 그의 영광을 보니 아버지의 독생자의 영광이요

은혜와 진리가 충만하더라 요 1:14

모든 사람들이 다 볼 수 있도록

에스라가 강단에 높이 서서 그 책을 폈을 때

백성들은 일제히 일어섰다.

에스라가 위대하신 하나님 여호와를 찬양하자

모든 백성들은 손을 들고 '아멘! 아멘!' 하며 응답하였다.

그리고서 그들은 얼굴을 땅에 대고 엎드려

여호와께 경배하였다. 느 8:5,6

이제부터 나는 너희를 종이라 부르지 않겠다.

종은 그 주인이 무엇을 하는지 알지 못한다.

아버지께서 내게 일러주신 모든 걸

내가 너희에게 말했으니

너희는 이제 나의 친구다. 요 15:15, 저자 역

대화식 말씀기도의 특징

말씀기도는 성경 말씀을 따라 주님과 나누는 인격적 대화다. 일반 묵상보다 한 걸음 더 나아가 주님과 믿음으로 이야기하는 가운데, 그 숨결과 선한 의지(意志)를 인격적으로 체험한다. 해를 거듭할수록 주님의 친밀한 속삭임과 계시는 더욱더 깊고 높고 넓고 길어질 것이다.

말씀 공부가 빗나가면 인간의 이성(理性)으로만 하나님 뜻을 찾는다. 묵상을 잘못하면 우리 마음과 생각이 주도권을 잡는다. 그러나 대화식 말씀기도는 하나님과 공을 주고받는 탁구 혹은 테니스와 같다. 인격적 만남, 묵상, 성경연구, 대화, 기도가 하나로 모인 집합체다.

말씀기도는 신비로운 대화가 아니다. 영적 거장만이 분별 있게 할 수 있는 것도 아니다. 오직 믿음으로 오늘 여기 내 곁에 계신 주님이 사람의 아들로서 혹은 친구로서 나와 허물없이 나누는 대화다. 어떻게? 오직 믿음으로.

서툴지라도 거침없이 나누는 이야기가 친구 사이 대화다. 하나님과도 마찬가지다. 이야기가 끝나면 다음 구절이나 의미 단위로 넘어간다. 어떤 말씀을 놓고는 오랫동안 주거니 받거니 이야기가 이어진다. 하나님의 새로운 설명, 계시, 나의 결단 등 기록할 내용이 있으면 말씀 아래 여백에 적는다.

하나님께서 특별한 말씀이 없으시거나 질문에 대한 적절한 응답이 시간 안에 주어지지 않을 땐 부담 없이 넘어간다. 가장 알맞은 때에 주님이 말씀하실 것을 믿기 때문이다. 그러므로 응답을 강요하거나 쥐어짜듯 기다리지 않는다(혹시 하나님과의 친밀한 대화가 어떻게 가능한지 의심스럽다면 뒤에 나오는 '이것이 내 생각인가, 하나님 생각인가?'를 참조하라).

말씀기도에서 가장 중요한 건 '정직한 반응'이다. 무지(無知)와 한계와 죄성을 가진 벌거벗은 인간으로서, 혹은 하나님을 애타게 갈망하는 한 사람으로서 가슴에 닿지 않는 모범 답안을 내밀 필요가 없다. 마음을 짐짓 꾸미거나, 경건의 모양만 갖추거나, 맡겨진 직분을 의식해서도 안 된다.

평범한 내 일상과 조금이라도 다른 어투, 대화 방식, 경건의 모양, 틀 등 비인격적 격식을 버려라. 당신이 가장 친한 이들과 어떻게 생각과 감정을 나누는지 돌아보고 그대로 하면 된다.

대화식 말씀기도는 객관적 메시지인 말씀의 레일을 따라 주님과 함께 떠나는 기차 여행과 같다. 또한 부활의 삶을 살아가는 그리스도인이 하나님과 이웃과의 사랑을 점점 넓혀가는 훈련이기도 하다. 그 열매는 주님의 평안과 기쁨을 매일 새롭게 취하고 누리고 나누는 복락이다.

어떻게 기도해야 하는가?

하루 중 조용한 시간과 장소를 택한다. 각자가 낼 수 있는 시간이 다르므로 상황에 맞는 방법을 택할 수 있다. 하루 5분밖에 시간을 낼 수 없는 이가 있는가 하면 30분, 1시간, 3시간 혹은 6시간도 가능한 이가 있다. 만일 5분밖에 여유가 없다면 매일 자신에게 가장 적절한 말씀을 선택하여 틈틈이 하나님과 대화하기를 권한다.

내게 가장 알맞았던 방법을 나누고 싶다. 이는 어디까지나 하나님이 나를 위해 특별히 재단(裁斷)하신 것으로 누구나 적용해야 하는 정답은 아니다. 다만 이를 참조하여 하나님 안에서 자신의 틀과 취향을 찾아 은혜의 자리로 나아가기 바란다. 각자에 맞게 하나님이 다양한 방법을 주실 것이다.

1. 자신이 택한 성경구절, 성경 읽기표 혹은 1년 1독표에 따라 말씀을 읽는다.

−깊이 묵상할 필요는 없다. 나는 정독 수준으로 읽으면서 마음에 와닿는 말씀이 나타나면 노트에 적는다. 계속 읽으며 중요한 말씀을 차례로 기록한다. 이때 기록한 말씀 사이에 두어 줄 정도 칸을 띄어둔다. 하나님께 받은 감동이나 가르침을 짧게 기록하기 위해서다. 혹시 말씀을 노트에 적는 중에 하나님의 가르침, 감동, 계시가 있으면 빈칸에 적는다.

2. 노트에 적힌 말씀을 의미 단위(단어, 의미 있는 절, 한 문장, 혹은 한 단락)로 끊어 읽으며, 그 내용을 놓고 친구와 대화하듯 주님과 이야기를 나눈다.

–가급적 의미 있는 짧은 단위가 더 강력하다. 주님은 처음에 성경 말씀으로 말씀하신다. 그 말씀에 대한 반응은 회개, 감사, 간구, 감탄, 찬양, 사랑의 고백, 질문, 상세 설명 요청, 탄식, 변론, 투정, 다툼, 화해, 침묵 등이 될 수 있다.

말을 잘하려고 애쓰지 마라. 가슴에 담겨지지 않은 신앙적 모범 답안도 삼가라. 서툴고 우왕좌왕해도 좋으니 정직하게 반응하라. 그러면 상황에 맞게 하나님이 더 자세히 설명하거나 계시하실 것이다.

말씀기도를 처음 시작할 때는 반응이 서툴고 짤막할 수 있다. "고마워요, 하나님", "잘못했어요, 용서해주세요"만으로도 충분하다. 하나님이 마음에 감동을 주시거나 들릴 듯 말 듯 속삭이실 때 가급적 당신의 입술과 몸으로 반응하길 권한다.

이 두 단계에 대한 추가 설명은 아래와 같다.

a. 먼저 잠잠히 주님과의 심정적 간격을 1미터 이내로 좁히는 침묵 시간을 갖는다.
b. 말씀을 정독할 때 가장 이해하기 쉬운 성경, 혹은 번역본을 주 성경으로 택한다. 뜻이 애매할 경우, 다른 번역본을 참고한다. 필요한 경우 정확한 이해를 위해 주석이나 다른 참고서를 본다. 단, 먼저 하나님께 묻고 나서 설명을 듣지 못했을 때 사용하길 권한다.
c. 노트에 기록한 말씀 사이의 빈칸에 말씀기도 중 받은 하나님의 가르

침 혹은 내 반응을 핵심 단어 위주로 짧게 쓴다.

    d. 기도와 반응 기록이 다 끝난 후, 오늘 가장 은혜받은 말씀을 한 번 더 선포하고 감사기도를 드린다.

나는 주로 NLT(New Living Translation)로 말씀기도에 들어간다. 요즘은 하루에 신구약과 시가서를 합하여 10장 정도를 성경 읽기표에 체크하며 읽는다. 하루는 말씀 정독, 하루는 말씀기도로 이어가는 때도 있다.

노트에 기록할 때 성경 말씀은 빨간 펜으로, 대화기도 중에 받은 메시지는 파란 펜으로 적는다. 말씀이 주는 은혜와 충격에 따라 별표를 매기기도 한다(★은혜로운 말씀, ★★더 은혜로운 말씀, ★★★아주 은혜로운 말씀 등, 어떤 날은 별이 대여섯 개 달릴 때도 있다).

이는 하루 중 틈틈이 그 말씀을 선포, 묵상하며 기도하거나 후일에 참조하기 위해서다. 이 말씀들은 나중에 읽기만 해도 하나님이 주신 가르침, 계시, 깨우침이 생생히 기억나며 은혜의 깊이를 더해준다.

대개 1개월이면 얇은 공책 1권이 말씀기도로 채워진다. 그러면 새로운 공책 앞쪽에 별표가 3개 이상 표시된 말씀을 모두 기록한다. 이는 이전 공책에 담긴 보석 같은 말씀들을 모은 진열장과 같다. 틈날 때마다 보며 하나님의 가르침을 기억하기 위해서다.

해마다 연륜이 쌓이며 다양한 변화가 일어난다. 처음엔 단답식 반응이었지만, 점점 주어진 말씀에 대한 주님과의 대화가 길어지며 주거니 받거니 횟수가 늘어난다. 예를 들어, 내 첫 반응에 주님이 더하여 말씀하시면 나는 또 거기에 반응한다.

　어떤 때는 주어진 말씀을 두고 이어진 긴 대화가 끝났더라도, '주님, 좀 더 자세히 설명해주실래요?' 혹은 '혹시 더 하실 말씀 없으세요?' 하고 조용히 기다린다.

대화식 말씀기도를
방해하는 생각 넘어서기

CHAPTER

3

말을 처음 배우는 아기처럼

아기가 어려서는 주위 사람들의 언어를 흉내 내지만, 자라서는 자신의 고유한 표현을 거침없이 쏟는다. 믿음으로 나누는 하나님과의 대화도 이와 같다. 처음엔 성경에 있는 하나님의 언어를 따라 하다가 나중에는 자신만의 표현을 자유롭게 구사한다.

아들 내외에게 손주 입에서 언제쯤 무슨 말이 먼저 나왔는지 물었다. 생후 12-15개월 사이에 "엄마"와 "다다"로 시작했단다. "다다"는 '아빠'라는 영어 단어 "대디(Daddy)"를 서툴게 흉내 낸 것이다. 아기는 눈앞의 부모가 수백, 수천 번 반복해서 명확하게 말해주는 단어를 따라 하기까지 1년 넘게 걸린다. 게다가 발음이 정확하지도 않다.

하물며 영적으로 다시 태어난 성도가 보이지도 들리지도 않는 하나님과 믿음으로 대화하는 건 얼마나 어려운가? 그러나 아주 쉬울 수도

있다. 어렵고 쉬운 건 각자의 믿음에 달렸다. 지적인 능력과도 상관이 없다.[4]

그럼에도 말씀기도 연습에 있어 두 가지 큰 장애가 있다.

첫째, "하나님의 메시지는 언제나 선명하고 분명해야 해. 하나님은 이에 대한 확실한 믿음을 주실 거야"라는 가정(假定)이다. 이는 타인, 공동체, 나라를 향한 하나님의 긴급한 메시지에는 해당될 수 있다. 성경에는 이런 예가 많이 나오지만 하나님과 우리의 인격적 대화인 말씀기도에 적용하는 건 무리다.

하나님과의 인격적 대화 첫걸음은 몹시 희미하고 울퉁불퉁하다. 먼지가 잔뜩 낀 유리창을 통해 눈멀고, 귀먹고, 말을 더듬는 내가 하나님과 힘겹게 말을 주고받는 것과 같다. 하나님은 분명하고 쉽게 이야기하시지만, 우리 마음이 깨끗하지 못해 희미하게 들릴 뿐이다. 그러나 이 서툰 대화를 포기하기 않고 오직 믿음으로 연습하는 게 말씀기도의 시작이다.

둘째, 하나님과 인격적 대화가 불가능하거나 어렵다고 여기고 일찌감치 포기하는 것이다. 그러나 지성소 휘장이 왜 찢겼는가? 하나님과 우리가 영원히 함께 살며 이야기하고 사랑하기 위함이다. 인격적 대화는 부활의 삶을 오늘 여기서 주님과 함께 살아가는 실습과 같다. 믿

---

4 비안네(Vianney) 성인이 아르스(Ars)의 본당 신부로 있을 때, 언제나 감실 앞에서 기도하던 한 농부는 "저는 그분을 보고, 그분은 저를 보고 계십니다"라고 했다(허성준, 《수도 전통에 따른 렉시오 디비나 2》, 분도출판사, 2017, 140쪽).

음의 분량에 따라 아주 쉽고 빠르게 배울 수도 있고, 어렵고 느리게 갈 수도 있다.

이것이 내 생각인가, 하나님 생각인가?

대화식 말씀기도와 주의식 훈련에서 가장 많이 듣는 질문이 "믿음으로 보고 듣는 메시지가 정말 하나님에게서 온 건가, 내 생각인가?"이다.

한 아기가 태어나 부모와 인격적 대화를 나누기까지 성장 단계에 따른 각각의 소통 방법이 있다. 부모는 많은 것을 보고 느끼고 아는 가운데 아기와 말한다. 하지만 갓 태어난 아기는 아무것도 모른다.

성장 단계를 따라 '느낌→인지→생각→상상'으로 서서히 반응한다. 그럼에도 부모와 아기의 기본적 소통에는 큰 어려움이 없다. 부모가 아기의 소통의 어려움을 알아서 이해하고 대응하기 때문이다.

아기는 처음엔 느낌으로만 반응한다. 상황 인지 능력이나 이해력은 거의 없다. 생각할 수 있는 능력은 더더욱 그렇다. 각각의 단계마다 수개월 혹은 수년이 걸린다. 아기는 부모가 던지는 여러 메시지를 '이것이 엄마 아빠에게서 온 것이 맞나, 아닌가?'라고 묻지 않는다. 물을 수도 없고, 그럴 필요도 없다. 맞든 틀리든 자기 식대로 반응한다. 꾸밈없이 솔직하게.

하지만 부모는 아기의 느낌이 어떤지, 왜 그렇게 반응하는지 거의 이해한다. 갓난아기는 처음엔 원초적 느낌에 따라 육체적 반응을 보인다. 웃거나 찡그리거나 울음을 터뜨린다.

시간이 흐르며 아기는 언어와 소통을 자연스럽게 익혀가며 이해력이 서서히 자란다. 단계적으로 느낌→인지→생각→상상에 따른 반응을 보인다. 맞든 틀리든 느낀 대로 반응하고, 이해하는 대로 믿고, 생각하는 대로 상상한다.

이런 반복적 소통과 연습이 쌓이면서 아기는 유아기, 소년기, 청년기, 장년기를 거치며 능숙하게 대화하게 된다. 나아가 부모의 마음을 점점 더 넓고 깊게 이해한다.[5]

짐 와일더(James Wilder)가 말하는 생각의 운율[6]이 맞춰지는 때에 이르면 하나님 생각과 내 생각이 너무 비슷하여 누구 생각인지 분간하지 못할 지경이 된다.

하나님과의 인격적 대화도 비슷하다. 그러므로 이제 막 주의식과 말씀기도로 하나님과 대화를 시작한 영적 아기는 자신이 믿음으로 받아들이거나 상상하는 하나님 반응을 두고 '이것이 하나님 반응인가, 아닌가?'를 확인할 필요가 없다. 아니, 확인할 수도 없다.

---

5 짐 와일더, 《임마누엘 일기》, 토기장이, 2016, 66쪽: 하나님이 하시는 말씀에 대한 우리의 인상도 틀릴 수 있다는 사실을 인정하는 여유가 있기를 바란다. 그러나 틀릴 수 있다는 이유 때문에 사랑하는 사람들의 말을 이해하려는 노력을 중단해서는 안 된다.

6 James Wilder, 《Joyful Journey: Listening to Immanuel》, 2015, 4쪽.

하나님과의 소통을 아기처럼 배우며 먼저 믿음으로 듣고 말하고 반응하는 연습이 필요할 뿐이다. 모든 걸 아시는 하나님이 우리를 이해하시고 보호하시고 훈련하신다.

나는 여기서 하나님이 강권적으로 선명하게 보여주시는 환상, 꿈, 메시지, 육성을 뜻하는 게 아니다. 오직 믿음으로 하나님과 인격적으로 나누는 개인적이고 주관적인 대화를 말한다.

전자가 예외적으로 드물게 듣는 천둥 같은 하나님 음성이라면 후자는 일상에서 듣는 잔잔하고 친근한 음성이라고 할 수 있다. 전자가 하나님이 우리에게 던지는 보편적, 객관적 메시지라면 후자는 하나님과 나 사이에 오고 가는 개인적, 주관적 대화다.

말씀기도가 강조하는 건 성경 말씀에 기초하여 후자를 믿음으로 연습하는 것이다. 인격적 대화 중 믿음으로 받아들이는 하나님의 표정, 몸짓, 이야기가 정말 그분에게서 온 것인가를 굳이 분별해야 한다면, 의외로 간단하다. 성경의 틀 안에 있는가, 곧 하나님의 성품(사랑, 기쁨, 평안, 오래 참음, 자비, 선하심, 신실함, 온유, 절제)과 언약, 가르침에서 나옴직한 언어, 표정, 몸짓인가를 분별하면 된다.

때때로 하나님의 성품을 보여주는 부모, 친구, 연인의 언어와 표정, 몸짓을 하나님 것으로 받아들여도 큰 무리가 없다. 인간의 몸을 입고 가난한 갈릴리 시골로 오신 주님이 우리의 언어로 우리의 수준에 맞게 이야기하려 애쓰셨음을 기억하라.

이런 믿음과 성경적 상상력이 하나님과의 인격적 대화를 손쉽게 해

줄 것이다. 이제 절친한 친구가 사랑으로 반응함직한 모든 표정과 몸짓과 언어를 상상하며 대화를 시작하라. 성경의 전체적 틀 안에서 오직 믿음으로!

반면에 하나님의 반응이 아닌 것을 판단하는 기준 또한 간단하다. 그분의 성품, 언약, 가르침과는 다른 내용과 색깔을 띨 것이다. 우리 마음에 절망, 불안, 초조, 원망, 미움, 시기 등 어둠과 죽음의 느낌만을 불러일으키는 표정과 대화는 하나님 반응이 아니다.

또한 우리를 바른 길로 이끌 수 없는 거짓된 평안과 기쁨, 맹목적 정죄, 구원의 동기가 없는 비판적 메시지도 하나님의 것이 아니다. 이들을 제외한 반응은 대부분 그분의 것으로 받아들일 수 있다.

때로 하나님께서 책망하거나, 임박한 심판을 예언하거나, 징벌을 내리실 때도 있다. 그 동기는 우리를 구원하여 사랑을 회복하기 위함이거나 당신의 모습으로 거룩하게 빚어가시는 데 있다. 그러므로 우리는 절망에 마냥 머물지도, 숙명이나 운명론에 묶이지도 않는다.

성경 전체를 적어도 세 번 이상 정독한 후에 하나님 성품이 무엇인지 어느 정도 이해하면 믿음으로 나누는 인격적 대화가 좀 더 쉬워진다. 자유롭고 깊어진다.

하나님의 메시지에 대한 분별과 확신도 더욱 수월해진다. 내가 그동안 경험한 주의식과 말씀기도 체험을 돌아볼 때, 순수한 동기에서 비롯된 인격적 대화에서는 서툴거나 혹 오류가 있을지라도 마귀의 거짓말이 들어설 틈이 없었다.

올바른 대화로 이끄시는 하나님

한계를 가진 인간이 처음부터 하나님과 흠 없는 대화를 기대하는 건 무리다. 비록 대화가 서툴더라도 하나님께서 넉넉히 이해하고 바른 대화로 이끌어가신다.

성경적 지식, 믿음, 상상 안에서 하나님과의 참 교제를 열망하는 인격적 대화는 일상의 언어와 표정과 몸짓에 배어있다. 그러니 가슴을 울리는 음성과 강렬한 확신이 없다고 해서 인격적 대화를 스스로 지어낸 메시지라고 생각할 필요는 없다.

믿음으로 이어지는 대화의 소중함을 티끌만큼이라도 평가 절하하지 않기 바란다. 그렇게 주님과 이야기할 때 그분은 나의 하나님→나의 구원자→나의 부모→나의 스승→나의 친구→나의 배우자로서 점점 더 가까이 다가서신다.

오직 믿음으로 에녹처럼 하나님과 함께 걸으며 살아보라. 이 같은 열망에서 받아들이는 하나님의 반응은 저절로 생긴 게 아니다. 성령님이 부어주시는 감동이다. 우리가 스스로 지어내는 것도 아니다. 성령의 감동으로 이끌림 받는 주님과의 대화요 사랑이다. 오늘도 우리 곁으로 오시는 임마누엘 하나님의 선물이고 신비다.

의심 없이 하나님과 절친한 친구로서 이야기하라. 마치 아무것도 모르는 아기가 부모 말을 제대로 이해하든 못하든, 자기 표현이 맞든 틀리든 전혀 상관 않고 거침없이 이야기하듯 오직 정직하게 하나님과 대화하라.

하나님은 우리의 들음, 이해, 반응이 맞든 틀리든 상관하지 않으신다. 그분이 대화를 주도하시고 바르게 이끌어가신다. 연인처럼 이야기하려는 우리의 열망 자체를 크게 기뻐하신다.

우리의 갈망보다 우리와 얼굴을 맞대고 대화하려는 그분의 열망이 몇만 배나 더 크기 때문이다. 그 엄청난 사랑이 십자가에서 보이지 않는가!

그러므로 아무것도 모를지라도, 하나님을 잘 이해하지 못할지라도, 우리의 말이 옹알이에 불과할지라도, 거침없이 하나님과 대화하라. 믿음으로 이야기하며 다가서려는 이 열망 자체를 하나님이 얼마나 기뻐하실지 상상해보라! 육신의 부모가 어린 아기와 눈 맞추고 한없이 기뻐하는 걸 보면 쉽게 이해할 수 있다.

하나님은 각자의 성숙 단계에 따라 은혜와 진리를 적절한 눈높이로 맞춰주신다. 그러나 자기중심적 욕망을 부추기거나 합리화하려는 메시지를 하나님의 반응이나 말씀으로 받아들이지 말아야 한다. 또한 하나님 뜻과 상관없는 내면의 욕망을 그분의 음성으로 포장하지 않아야 한다. 그릇된 메시지를 하나님께 받은 메시지라고 남들에게 떠벌리지 않아야 한다.

아기가 말을 배우며 성인이 되어 부모의 깊은 심중을 이해하려고 해도 20-30년은 걸린다. 그러나 이미 다양한 언어에 익숙하고 복음을 받아들인 참 그리스도인이 오직 믿음으로 하나님과 소통하는 데는 그렇게 많은 세월이 걸리지 않는다. 믿음의 대화와 순종을 크게 기뻐하시는 하나님의 열심이 우리를 신속히 친근한 대화로 이끌어가기 때문이다.

성경 말씀과
인격적 대화의 차이

CHAPTER

4

다양한 하나님 메시지

우리는 자주 "그것이 하나님의 음성이 맞아?"라고 묻거나, '내가 듣고, 느끼고, 감동을 받은 게 정말 하나님의 메시지일까?'라고 자문한다. 하나님 메시지에 대한 정확한 이해가 없으면 많은 혼란과 오용과 남용으로 인한 영적 학대가 일어난다.

우선 '하나님 음성'이란 말 대신에 '하나님 메시지'라는 용어를 권한다. 하나님께서는 글자로 기록된 성경, 느낌으로 오는 감정, 형상으로의 이미지, 육성, 우리 오감에 호소 등 다양한 방식으로 메시지를 전하신다. 이를 '음성'이라고만 하면 귀로 들리는 육성으로 오해할 수 있다. 그러므로 "하나님의 음성이 맞아?" 대신 "하나님의 메시지가 맞아?"라고 묻는 게 더 정확하다.

보편적, 객관적 메시지인 성경

아주 구체적이고 객관적인 하나님 메시지는 두말할 것 없이 성경이다. 성경은 모든 사람에게 전하는 하나님의 보편적 메시지다. 그러나 특정한 사람이나 공동체를 통해 전하는 메시지도 들어있다.

예를 들어 요셉을 통해 애굽 왕에게 전하는 메시지, 나단 선지자를 보내서 간음과 살인을 범한 다윗을 책망하는 메시지, 선지자나 예언자들을 통해 이스라엘이나 유다 왕에게 경고하는 메시지 등이다.

이 또한 모든 사람과 지도자에게 전하는 하나님의 보편적 메시지라고 할 수 있다. 그러므로 개인적, 주관적인 메시지와 달리 성경과 같은 보편적, 객관적인 메시지를 올바르게 해석하고 이해하는 게 매우 중요하며, 정확한 복음에 대한 신학적 논쟁도 필요하다.

성경은 개인적이고 주관적인 부활의 삶과 친밀한 교제가 어떤 모습인지 자세히 이야기할 수 있는 여유나 공간이 적다. 그럼에도 성경이 1,700쪽이 넘는 건 우리가 단순 명쾌한 복음을 쉽게 받아들이지 않기 때문이다. 이렇게도 이야기하고 저렇게도 설명하며 하나의 진리를 여러 각도에서 비춰 말해준다.

성경은 죽어가는 한 영혼을 살리려고 급하게 달려온 구급차와 같고, 영혼의 수술이 진행되는 피 냄새나는 수술실과도 같다. 성경의 급선무는 사람을 살리는 것이다. 그러므로 주님과의 친밀한 대화요 사귐의 열매인 사랑과 기쁨과 평안에 대한 개인적이고 주관적인 메시지는 자연히 각 개인에게 은밀히 전해진다.

하나님의 메시지를 주고받은 대표적인 사람은 잔느 귀용(Jeanne Guyon), 로렌스 형제(Brother Lawrence), 마이스터 에크하르트(Meister Eckhart) 등이다. 그들은 믿음으로 주님과 교제하며 은밀한 메시지를 받아 누리고, 그 감동을 우리에게 나눠주었다.

개인적, 주관적 메시지인 인격적 대화

대화식 말씀기도를 하나님과의 인격적 대화라고 본다면, 성경에는 왜 그런 예화가 가뭄에 콩 나듯 할까? 다양한 인간사에 대한 하나님의 메시지만 무성한 것처럼 보인다. 개인적이고 인격적인 대화가 성경적인가 하는 의심이 들어설 여지가 많다. 이를 세 가지 측면에서 살펴보겠다.

첫째, 대화식 말씀기도는 객관적 성경 말씀에서 출발하는 주관적 대화이며, 하나님과 나 사이의 극히 개인적인 이야기다. 이를 굳이 성경에 담을 필요가 있을까? 각 개인의 은밀한 체험으로 남겨두는 게 낫다. 이로써 불필요한 신학적 논쟁에 휘말리는 것도 피할 수 있다.

주관적 대화를 보편적이고 객관적인 성경 말씀과 같이 취급하여 신학적 정확성을 판단하려 든다면 하나님과의 인격적 교제를 차단해버리는 오류에 빠질 수 있다.

살아서 300년간 하나님과 함께 걷다가 어느 날 하늘로 들려 올라간 에녹의 삶이 왜 그렇게 짧고 단순하게 기록되었을까? 자녀를 낳은 일 외에 그가 어떻게 살았는지는 전혀 알 수 없다. 하나님과 동행했다는 짤막한 말 외에는 동행의 내용이나 어떻게 하나님과 교제했는지는 성경에 나오지 않는다.

사도 바울도 어느 날 셋째 하늘까지 들려 올라가 말할 수 없이 놀라운 낙원을 보았으나 그 내용을 나누지 않았다. 그 사실조차 말하길 꺼렸다. 오직 상상에 맡길 뿐이었다.

이같이 부활 신앙으로 살아가는 그리스도인이 누리는 하나님과의 사랑은 성경의 전체적 틀 안에서 믿음으로 상상하는 것에 맡겨진다.

둘째, 하나님과의 대화는 성경에 나온 예로써 충분하기 때문이다. 모세가 처음 하나님을 만나 여러 가지 이유로 그분의 지시를 거부했을 때(출 3:7-4:17), 기드온이 그에게 말씀하시는 이가 하나님이 맞느냐고 거듭 시험했을 때(삿 6:36-40), 요나가 하나님의 명령을 따르기 싫어 엉뚱한 길로 들어섰을 때나 니느웨 백성을 용서하시는 하나님께 분통을 터뜨렸을 때(욘 1:1-3, 4:8-11), 수가성 여인이 샘물이니 예배니 하며 주님의 말씀에 동문서답했을 때(요 4:7-26) 나눴던 이야기가 바로 그 예다.

이 모든 대화는 정직한 심경, 질문, 투정, 변론, 반항이 특징이다. 그들은 비록 자기 밑천 곧 무식, 오해, 편견, 변명이 적나라하게 드러날

지라도 자기 생각과 감정에 정직했다. 하나님께 솔직하게 질문하고 대답했다. 말씀이신 하나님 앞에 솔직하면 그분의 섬세한 인도를 받는다.

정직한 인간 반응의 탁월한 예는 시편에서도 볼 수 있다. 시편은 삶과 하나님을 향한 자유로운 반응을 다양하게 보여준다. 회개, 감사, 간구, 감탄, 찬양, 사랑의 고백, 질문, 상세 설명 요청, 탄식, 변론, 투정, 다툼, 화해 등이다. 하나님의 말씀을 시가서와 연결하면 대화식 말씀기도가 어떤 모습이며, 이를 얼마나 자유롭게 연습할 수 있는지 알 수 있다.

셋째, 여기서 뜻하는 대화식 말씀기도는 이 땅에서 성화의 길을 구체적으로 걸어가는 여러 채널 중 하나다. 천국의 이쪽(This Side of Heaven, 우리 곁에 계신 주님과 오늘 함께 살아가는 여기 이 땅을 지칭)을 실감나게 맛보며 살아가는 연습이자, 평범한 일상을 임마누엘 주님과 함께 살아가는 길이다.

하나님 메시지는 여러 채널로 들어온다. 환상과 꿈, 정서적 감동, 형상으로의 이미지, 오감으로 체험되는 느낌, 선악과 미추(美醜)가 뒤섞인 세상 예술이나 문화에 숨은 메시지, 성경적 상상을 따라 그려지는 메시지 등 여러 형태와 모양이 있을 수 있다.

그러나 하나님의 개인적이고 주관적 메시지는 객관적 메시지의 틀과 울타리를 벗어날 수 없다. 창조, 타락, 구원, 성화에 담긴 속죄, 언약, 심판을 부인하거나 어지럽히지 않는다. 즉 말씀기도에서 말하는 인격적 교제와 대화는 넓고 넓은 성경의 울타리와 운동장 안에서 마음껏 뛰노는 어린애들의 유희와 같다.

성경이 하나님과 나눌 수 있는 대화의 틀과 문법(文法)이라면, 주관적 메시지는 그 안에서 자유자재로 표현되는 하나님의 개인적 메시지, 즉 나를 위한 인격적 메시지라고 할 수 있다.

그러므로 인간적 경험, 지식, 이해, 논리를 초월한 어떤 새로운 메시지가 성경의 틀 안에서 전해질 때, 하나님이 건네시는 메시지로 받을 수 있다. 또한 그분의 성품이 드러나는 메시지, 성경에 기초한 사랑 이야기, 혹은 참된 친구와 연인으로서 나눌 만한 다양한 이야기도 같은 메시지로 받을 수 있다.

예수께서 이 땅에서 행하신 일을 낱낱이 기록한다면 이 세상이라도 그 책을 담기에 부족할 것이라고 했다(요 21:25). 하물며 사랑과 사귐에 관한 각 사람의 자세한 내용이야 어찌 다 담아낼 수 있을까!

대화식 말씀기도는 다시 태어난 그리스도인, 영혼의 수술을 받아 새로운 생명을 받은 성도가 부활의 삶을 하나님과 이웃과 함께 나누며 살아가는 하나의 길을 보여줄 것이다. 그 길은 에녹처럼 오늘 여기서 천국의 이쪽을 살아가는 것이다.

진리가 가져온 자유

2011년 이후부터 적어도 1년에 1독을 하며 성경 전체를 따라 말씀 기도를 해왔다. 그러면서 "너희가 내 말에 거하면 참으로 내 제자가 되고 진리를 알지니 진리가 너희를 자유롭게 하리라"(요 8:31,32)라는 말씀을 실감했다.

제자로서 가야 할 길이 아직 멀다. 그러나 사랑과 진리 안에서 더 넓고, 더 깊고, 더 높은 자유가 무엇인지 해마다 깨닫는 느낌이 새롭고, 믿음 또한 견고해지는 것 같다.

양파 껍질이 벗겨지듯 매년 하나님의 지성소에 가슴과 마음으로 더 가까이 들어서는 느낌이다. 첫 번째 하늘에서 두 번째 하늘로, 두 번째 하늘에서 세 번째 하늘로 들어서는 것에 비유할 수 있을까?

특별한 일이나 놀랄 만한 기적이 없어도, 평범한 일상에서 믿음으로 하나님과 함께 걷는 기쁨과 평안이 더욱 커져간다. 이로써 넉넉하다. 주님이 주시고자 했던 사랑과 기쁨과 평안의 원 규모가 늘 새롭게 열리니까!

복음을 받고서도 신약적 율법에 갇힌 성도를 가끔 본다. 그들은 찢어진 지성소 휘장을 다시 꿰매며 자신과 타인을 하나님에게서 격리시킨다. 영적 학대를 가하는 이와 당하는 이에게 다 같이 부족한 건 하나님에 대한 균형 있는 이해다.

지극히 아름다운 창조, 타락한 인간을 향한 하나님의 애타는 마음,

자비로운 구원의 손길, 엄중한 최후 심판, 끝으로 아름다운 새 하늘과 새 땅이라는 장엄한 서사시(敍事詩)에 깔린 하나님 뜻. 그것을 온전히 이해한다면 율법적 함정과 이단적(異端的) 신학 체계에 쉽사리 말려들지 않을 것이다. 성경 전체를 따라가는 말씀기도는 이런 덫과 함정을 말끔히 치워버린다.

또한 친구 혹은 연인으로서 하나님과 나누는 은밀한 사랑, 이웃과 창조계와 연결되는 인격적 교제, 하나님의 여유, 유머, 노래, 춤, 예술이 그분의 영원한 진선미(眞善美) 안에서 늘 새로운 색채와 모습과 느낌으로 다가올 것이다.

자신에게 꼭 맞는
대화식 말씀기도를 어떻게 만들까?
이를 위한 체험적 조언은 무엇인가?

전통적 말씀묵상에
어떤 생기와 활력을
불어넣을 수 있을까?

대화식 말씀기도를 통해
하나님과의 친밀한 교제가
어떻게 일상화될 수 있을까?

PART 3

대화식 말씀기도가
내 것이 되려면

대화식 말씀기도 훈련

CHAPTER

1

말씀기도의 안전함

하나님이 말씀으로 명확하게 말씀하시면 나는 맞고 틀림, 옳고 그름에 상관없이 좌충우돌하면서 정직하게 반응할 수 있었다. 설혹 내가 메시지를 잘 알아듣지 못해 엉뚱한 반응을 보일 때라도 하나님께서 "얘야, 틀렸어. 그렇게 말하는 게 아냐!"라고 말씀하신 적이 거의 없다.

우리는 하나님 말씀에 우왕좌왕할 수 있다. 그만큼 자유로운 표현이 확실히 보장된다. 내가 아닌 다른 모습으로 꾸미거나, 조율되지 않은 신앙적 모범 답안을 내거나, 거룩한 척할 필요가 없다.

또한 내 무지와 혼동을 걱정할 필요가 없다. 땅이 혼돈하고 공허한 가운데 어둠이 깊은 물 위에 드리웠을지라도 하나님의 영은 그 물 위를 휘젓고 오신다(창 1:2). 그분은 오늘도 내 삶의 현장에 다가오신다.

하나님은 말씀이라는 철로 위에 기도라는 열차를 올려놓으셨다. 그러므로 선로를 이탈하려는 바퀴 곧 내 그릇된 생각, 무지, 오해, 주장이 있더라도 '말씀'이라는 곧은 레일을 벗어날 수 없다.

테니스 코트에서 공을 주고받을 때, 초보자는 종종 엉뚱한 곳으로 공을 날린다. 그러나 코치는 그 공을 다 받아내며 초보자가 쉽고 편하게 칠 수 있는 지점으로 다시 넘겨준다. 이 과정을 통해 초보자는 점차 공을 치는 적절한 각도와 속도와 기교를 배우며 숙련된 선수가 되어간다.

말씀기도 훈련도 이와 같다. 하나님은 내 정직한 반응을 듣고 말씀에 따라 내게 꼭 맞는 가르침, 상세 설명, 부연(敷衍) 설명, 계시, 약속, 깨우침, 특별한 감동을 주신다. 말씀기도의 단순 명쾌함이 여기에 있다.

처음엔 발목까지 오는 얕은 물속을 걷는 것 같다. 그러나 하나님은 나를 점차 생명이 넘치는 깊은 물길로 이끌어가신다. 세월이 지나면 생명의 바다에 편히 누워 둥둥 떠 있거나 자유롭게 헤엄칠 수 있다. 성전에서 흘러나온 생명의 물이 점점 불어나 강으로 변하는 것처럼 말이다 (겔 47:1-12).

말씀기도의 다양한 형태

이 책에서 말하는 말씀기도는 단순히 말씀 복창이 아니다. 어떤 인물의 이름을 자신의 이름으로 바꾸어서 선포하는 것도 아니다. 오직 믿음으로 나누는 하나님과의 인격적 대화다. 내 속을 다 뒤집어서라도 보여줄 수 있는 친구와 깊은 이야기를 거침없이 나누는 것과 같다.

하나님을 향한 사랑, 고마움, 기쁨을 고백하거나 결단 혹은 회개하기도 한다. 질문하고 격론을 벌이거나, 다투거나 투정을 부릴 수도 있다. 때로 고개를 끄덕이거나 침묵할 수도 있다. 이런 인격적 대화를 통해 하나님께서 그분의 뜻을 좀 더 자세하고 선명하게 말씀하시는 걸 체험할 수 있다.

침묵과 자연스러운 대화

말씀기도를 드릴 때 어떤 말씀은 읽는 것만으로도 충분하다. 그때는 침묵한다. 굳이 입을 열 필요가 없다. 깊은 감동, 고마움, 깨우침 등이 너무나 명확히 몰려오기 때문이다. 그 꿀을 맛보고 싶으면 오랜 침묵 가운데 머문다. 주어진 느낌을 충분히 누린 후에 감사하며 지나간다.

찬양하고 싶으면 주저 없이 찬양하고, 춤을 추고 싶으면 하나님과 함께 춘다. 하나님의 손을 믿음으로 꼭 잡을 수도 있고, 그분의 두 눈에 내 시선을 오랫동안 맞출 수도 있다.

친구나 가족과 이야기할 때 일일이 대답할 필요가 없듯이 하나님과 나누는 이야기, 곧 말씀기도에도 그런 때가 있다. 자연스럽게 흘러가라. 그분의 뜻을 성급히 해석하려 들지 말라.

먼저 하나님 말씀으로 시작하여 친구에게 하듯 일상을 이야기하라. 말씀기도를 통해 하나님과 인격적 대화가 시작되면 그분은 친구처럼 다정하고 알아듣기 쉽게 말씀하실 것이다. 그 내용은 각자를 위해 하나님이 주시는 믿을 수 있는 설명이다. 일반 묵상은 때로 자의적, 주관적 해석으로 끝나기도 한다. 대화를 통한 하나님의 가르침이 없기 때문이다.

자신의 고유한 스타일

각 사람을 위해 하나님이 독특하게 빚으신 다른 모양의 말씀기도가 있을 것이다. 이 책은 각자에게 가장 어울리는 고유한 말씀기도를 빚기 위한 기초 참고서이다. 교과서가 아니란 뜻이다. 말씀기도로 먼저 뛰어들어 각자에게 가장 알맞은 모양을 빚어가실 하나님을 직접 만나라. 주님께서 각 사람에게 맞춰 가장 자유롭고 신나는 방법을 자세히 가르쳐주실 것이다.

말씀기도가 아닌 것

넓은 의미로 말씀기도는 말씀을 중심으로 한 여러 형태의 기도다. 그러므로 대화식 말씀기도로 안내하는 이 책을 쓰기에 앞서 말씀기도를 다룬 다양한 국내외 서적을 검토했다. 혹시 있을지 모를 중복을 피하기 위해서였다(다행히 중복은 아직 발견하지 못했다).

말씀을 중심으로 한 여러 형태의 기도는 말씀 없는 기도보다 훨씬 더 큰 힘과 유익이 있다. 하나님의 놀라운 자원과 연결되어 있기 때문이다. 성경 말씀이 가진 균형도 있다. 그러나 이 책이 뜻하지 않은 다른 형태의 말씀기도는 다음과 같다.

1. 주어진 말씀에 기초하여 올려드리는 한 방향 기도

이 기도에는 일정한 하나님 말씀이 주어진다. 기도하는 이는 이 말씀을 중심으로 기도한다. 그러나 주님과 주고받는 인격적 대화는 없다. 하나님께 올려드리는 한 방향 기도가 대부분이다. 달리 말하면 일문일답 말씀기도다.

2. 기도하는 이가 원하는 이름으로 바꿔서 드리는 기도

어떤 특정한 인물, 공동체, 혹은 이스라엘 민족에게 주어진 하나님 말씀을 기도하는 이가 원하는 이름으로 바꿔서 드리는 기도다. 자신이나 자녀의 이름, 혹은 중보기도 대상자 이름을 넣어 기도한다. 성경적이긴 하나 주님과 주고받는 대화식 기도는 아니다.

3. 암송한 말씀을 기도에 끼워 넣는 기도

기도 중간에 말씀을 끼워서 기도한다. 성경적이지만 대화식 기도는 아니다.

전통적 묵상과
다른 점

CHAPTER

2

대화식 말씀기도의 특징

1. 성경 말씀을 의미 단위로 끊어서 주님과 주고받는 인격적 대화
2. 맞고 틀리고를 떠나 주님의 친구 혹은 연인으로서 거침없이
   나눌 수 있는 믿음의 대화
3. 말씀으로 시작하여 더 깊은 계시로 들어가거나 일상의 삶으로
   확대되는 개인적, 주관적 대화

말씀기도와 비슷한 성격인 큐티(QT: 말씀묵상), 성독(聖讀: 렉시오 디비나, Lectio Divina), 임마누엘 일기(Immanuel Journal)를 살펴보겠다. 이세 가지 영성 훈련은 많은 이들이 하나님과의 친밀감을 다지는 데 큰 영향을 끼쳤다(아래 비교는 여기서 말하는 대화식 말씀기도 특성이 이 훈련들과 연합하여 어떤 생기와 활력을 더할 수 있을까 기대하며 정리한 것이다).

큐티(QT. 말씀묵상)와 다른 점

큐티는 현재 그리스도인들에게 가장 널리 알려진 묵상 방법으로 신앙인들에게 끼친 유익과 파급력이 적지 않다. 성경 말씀으로 하나님을 만나고 자신의 삶을 비춰보며 오늘의 삶을 그분의 뜻에 맞추어 살아가기에 유익하다.

매일 묵상을 위한 여러 형태의 큐티 책자가 있으나 여기서는 〈생명의 삶〉을 바탕으로 살펴보겠다. 이 묵상은 여섯 단계로 나뉜다.

1. 준비 찬양과 기도(하나님께 마음을 열고 들어가기)
2. 성경 말씀 읽기(하나님이 오늘 내게 주시는 말씀 받기)
3. 묵상하기(그 말씀으로 하나님 음성을 듣고 대화하기)
4. 적용하기(오늘 실천할 수 있는 활동 찾기)
5. 기도(순종할 수 있는 지혜와 용기를 구하기)
6. 나눔(하나님의 감동과 삶의 변화를 공동체와 나누기)

큐티와 대화식 말씀기도의 차이는 다음과 같다.

1) 큐티는 매일 주어진 말씀이 대부분 성경 속 특정 책과 구절(예: 사도행전 15장 12-29절, 2018년 7월 12일)에 한정한다. 오늘 각자의 삶에 연결되어 적용할 수 있는 내용이면 다행이지만 그렇지 않을 수도 있다.

말씀기도는 매일 구약, 시가서, 신약 등 다양한 말씀을 묵상한다. 매일 연결된 하나님의 개인적 메시지를 받을 수 있는 여지가 그만큼 커진다. 간단히 말해서 구약은 대부분 삶의 구체적 도전과 예언을, 시가서는 인간의 복잡다단한 정서와 잠언을, 신약은 주로 복음과 믿음을 가르치는 교과서 같다고 할 수 있다.

2) 큐티 3단계는 '하나님과 대화하기'이다. 묵상을 통해 각자 나름대로 하나님과 인격적 대화를 하는 이들도 있으리라 믿는다. 그러나 많은 성도들이 인격적 대화가 정말 가능한 것인지, 어떻게 하는지 궁금해 하며 구체적 예를 보기 원했다.

구역 모임이나 '기쁨의 샘'(성경적 집단상담) 참가자들과 이야기하다 보면 인격적 대화를 자세히 설명해주어도 대다수가 어려워했다. 심지어는 이런 시도가 성경적이지 않다고 오해하기도 한다. 한편, 대화식 말씀기도는 하나님과 대화하는 것이 어떻게 가능한지 성경적으로 살펴보고 구체적 방법을 제시하며, 사례에 기초한 연습으로 안내한다.

3) 큐티 4단계는 '적용하기'이다. 주로 행동으로 실천 가능한 내용이다. 한편 말씀기도는 실천 가능한 행동뿐 아니라 정서적 정화, 관점의 변화, 정중동(靜中動) 같은 무위(無爲)의 활동, 침묵 속 교제 등 다양한 반응을 말씀기도의 열매로 인정한다. 말씀 적용이 '오늘 내가 할 수 있는 일'에 한정된다면 성도들이 불필요한 부담감을 갖거나 주님에

게서 받은 다른 은혜를 평가 절하할 수도 있다.

성독(聖讀: 렉시오 디비나, Lectio Divina)과 다른 점

성독은 하나님과의 연합을 추구하며 성경 읽기-묵상-기도-관상(觀想)으로 나아가는 말씀묵상이다. 기독교 초기 사막의 교부들로부터 시작되어 귀고 2세(Guigo II)가 체계화했다. 가톨릭 은수자(隱修者)들은 성독을 통해 하나님의 현존 앞으로 나아가 그분과 하나 되기를 사모했다.

성독은 큐티의 첫 3단계와 거의 비슷한 틀과 내용에 하나님 임재 체험으로 들어서는 관상 단계가 추가된다. 큐티가 말씀묵상, 기도, 적용을 통해 삶의 변화를 추구한다면, 성독은 말씀묵상과 기도를 통해 하나님과의 연합을 추구한다고 할 수 있다.

성독과 말씀기도의 차이는 아래와 같다.

1) 하나님과 인간의 상호 교류: 성독의 묵상은 인간 이성과 정신을 사용하고, 관상은 하나님 임재 안에 머무는 수동적 교제를 강조한다. 반면에 말씀기도는 인격적 대화를 통해 오직 믿음으로 하나님의 언어, 표정, 몸짓을 받아들인다. 능동적 상호 교류에 가깝다(물론 말씀기도

중에도 침묵하거나 하나님 임재 앞에 잠잠히 머물기도 한다).

2) 관상: 오랜 전통이 이어져 내려온 성독은 말씀 읽기, 묵상, 기도, 관상의 각 단계를 두고 영향력 있는 이들의 다양한 뜻과 방법을 소개한다. 특히 관상은 하나님과의 연합을 목표로 하기에 그 내용과 방법과 체험이 상당히 다양하고 개인적이고 신비롭다. 이로 인해 특별히 깊은 영성이 아니고서는 들어서기 어려운 차원 높은 묵상이라는 선입견이 있을 수 있다.

말씀기도는 하나님이 모세에게 한 것처럼 우리와 친히 얼굴 맞대고 친구처럼 이야기하길 원하신다는 성경적 믿음에 근거한다. 신약성경의 약속에 따라 하나님이 이미 우리 곁에 계신다는 확신 안에서 임마누엘이신 주님의 친구로서 대화하는 것이다.

하나님 임재를 기정사실로 받아들이고 그분과 자유롭게 교제하는 훈련이다. 그러므로 말씀기도의 인격적 대화에 성독의 묵상, 기도, 관상이 모두 녹아있다고 할 수 있다.

3) 흩어지는 마음 잡기: 성독은 잡념을 없애고 말씀에 집중하기 위한 여러 방법을 제안해왔다. 예를 들면, 지나간 일을 후회하거나 앞날을 지나치게 염려하지 않기, 잡념을 무시하기, 성구(聖句) 반복하기, 하나님의 도우심 구하기 등이다. 그러나 통제하기 어려운 감정과 상념으로 인해 성공할 수도, 실패할 수도 있다.

말씀기도는 이 문제를 간단히 넘어선다. 곧 성경 말씀으로 시작한 주님과의 인격적 대화를 강조한다. 사랑하는 이와 이야기할 때 나타나는 생생한 관심, 집중, 활기를 최대한 활용하기 때문에 흩어지는 마음이 하나님께로 집중될 가능성이 상대적으로 크다.

4) 읽기와 머물기: 성독은 주어진 말씀을 가급적 천천히 읽으며 마음에 와닿는 말씀에 머물러 묵상하기를 권한다. 한편 말씀기도는 첫 단계로 각자의 속도에 맞추어 하루치 분량의 말씀을 정독한다. 이해를 돕기 위해서 필요하면 관련 주석이나 참고서를 본다. 그리고 나서 정독 후 노트에 적힌 말씀을 따라 주님과 인격적으로 대화한다. 오직 믿음으로! 여기엔 큐티나 성독이 말하는 묵상, 기도, 관상이 모두 녹아있다.

임마누엘 일기(Immanuel Journal)와 다른 점

임마누엘 일기는 일상에서 주님의 임재를 보다 더 민감하게 인식하는 간단한 방법이다. 특정 상황이나 어려움에 처했을 때 주님이 우리에게 인격적으로 말씀해주시는 걸 믿음으로 받아들인다. 자신의 생각이나 감정에 묻히거나 제한받지 않고 하나님 생각에 맞추는 과정이다. 개인적, 인격적인 하나님의 메시지를 받아들인다는 점에서 말씀기도와 비슷하다.

반면 임마누엘 일기는 특정 상황을 간단히 요약한 후, 아래와 같은 하나님의 인격적 반응을 믿음으로 자세히 적어 나간다.[7]

1. 이런 네 모습이 보이는구나(I can see you).

2. 이렇게 말하는 네 음성이 들리는구나(I can hear you).

3. 이 일이 네게 얼마나 의미 있고 중요한 일인지 내가 안단다
   (I can understand how hard this is for you).

4. 너와 함께 있어 참 좋구나. 나는 네 연약함을 긍휼히 여긴단다
   (I am glad to be with you. I have compassion on your weakness).

5. 네가 힘들어하는 일(중요한 일)을 내가 도와줄 수 있단다
   (I can do something about what you are going through).

임마누엘 일기쓰기와 소그룹 나눔은 하나님의 시각으로 상황을 바라보고 해석하는 데 여러 유익이 있다. 왜곡된 생각으로 인한 고통이 완화되고 평안을 누릴 수 있다. 또한 나눔을 통해 체험을 객관화하고 평안과 기쁨을 더 확대할 수 있다.

---

7 짐 와일더 외, 《임마누엘 일기》, 토기장이, 2016, 102쪽.

임마누엘 일기와 말씀기도의 차이는 아래와 같다.

1) 대화의 시작: 임마누엘 일기는 먼저 특정 상황을 간단히 요약한 후 이에 대한 하나님의 공감, 격려, 해석의 말씀으로 이어진다. 반면 말씀기도는 어떤 상황에 적합한 성경 말씀이나 성경 읽기 스케줄에 따른 말씀을 앞에 두고 대화가 시작된다. 전자는 특정 상황, 후자는 말씀이 인격적 대화의 시작점이다.

2) 한 방향 대화인가, 주고받는 대화인가: 임마누엘 일기는 특정 상황에 대한 인간의 요약이 있고, 하나님의 인격적이고 친근한 응답이 있다. 어떻게 보면 하나의 질문에 따른 하나의 대답이다.

한편 말씀기도는 특정 말씀으로 시작하여 하나님과 인간이 서로 주고받는 대화로 이어진다. 첫출발은 성경 말씀이지만, 이어지는 대화는 성경에 있는 말씀에 제한받지 않는다. 말씀에 기초하여 이야기를 나누는 가운데 일상의 삶이 연결되어 개인적, 인격적 대화로 확장된다.

3) 목적: 많은 경우, 임마누엘 일기는 인간관계 문제나 고통을 다룬다. 말씀기도는 슬픔과 기쁨, 두려움과 평안, 외로움과 사랑, 불평과 감탄 등 인간의 모든 정서를 하나님과 함께 나눈다. 이런 점에서 말씀기도는 하나님과의 정직한 대화 및 활동을 통해 더 깊은 교제와 친밀함으로 들어가는 훈련이다.

4) 기록: 임마누엘 일기는 특정 상황과 이에 대한 하나님의 이야기를 자세히 기록한다. 말씀기도는 자세한 기록을 피하는 대신 후일의 기억이나 정리를 위해 핵심 단어와 짧은 문장을 간단히 기록한다. 주된 이유는 시간을 절약하면서 주님과 대화에 집중하기 위해서다.

뿌리칠 수 없는 손길

CHAPTER

3

매일 솟아오르는 생수

대화식 말씀기도는 익숙한 말씀묵상과 달랐다. 말씀기도로 솟아오른 생수는 내게 매일 새로운 물맛과 톡톡 쏘는 향기를 선사했다. 하루라도 거르기 싫었다. 서툴기 짝이 없는 내 이야기를 천둥벌거숭이처럼 나누어도 주님은 꽤 반기셨다.

하나님을 알면 알수록 솔직한 마음을 더욱 자유롭게 나눌 수 있었다. 성경 일부가 아니라 전체를 두고 그분과 나누기에 오해하거나 좌로나 우로 치우치지 않고 균형 잡힌 시각을 기를 수 있었다.

성경 여기저기에 아직도 풀리지 않는 의문이 남아있지만 염려하진 않는다. 가장 중요한 십자가와 부활에 담긴 하나님의 사랑과 진리를 알았고, 완벽한 구원을 확신하기 때문이다. 그 밖의 의문들은 부차적이다. 복음을 뒤집을 만한 게 못 되었다.

오직 사랑을 실천하면서 주님의 기쁨과 평안을 믿음으로 취하고 누리고 나누는 것이 내가 할 수 있는 일이었다. 이를 문답식으로 풀어 설명하겠다.

하루도 놓치기 싫은 보석 같은 말씀

난 매일 말씀묵상을 하지만 손에 보석이 담기지는 않아요.

아주 급한 일로 빼먹지 않는 한 대화식 말씀기도는 늘 제게 보석을 안겨주었어요.

어떻게 그럴 수 있어요?

아마 두 가지 때문일 거예요. 첫째는 신약, 구약, 시가서가 섞인 하루치 말씀이 오늘 내 삶과 어떻게라도 연결될 경우가 많아요. 대개 일반 묵상은 특정 책이나 한정된 구절로 시작하지요. 그래서 오늘 내 삶과 정서에 직접 연결되지 않을 때가 가끔 있어요.

둘째는 대화예요. 하나님과 나누는 솔직한 대화는 무엇보다 집중이 잘되고 생생한 관심과 활기가 넘쳐요. 지혜와 계시도 깊고 선명하지요. 인격적 대화가 없는 말씀묵상과는 많이 달라요.

내가 아는 말씀묵상도 쉽진 않아요. 마음을 가다듬는 것, 주님의 뜻을 찾는 것도 쉽지 않고, 받은 메시지를 어떻게 실천할까 생각하면 때로 머리에 쥐가 나요. 그런데 어떻게 매일 손에 보석이 담길 수 있어요?

일반적 말씀묵상이 광물을 찾아 갱도를 파고 들어가는 거라면, 말씀기도는 주님이 두 손에 담아 오신 보석 조각을 내 마음대로 골라 줍는 느낌이에요. 두 경우 모두 하나님의 임재 안에서 그분의 뜻을 찾는 건 맞지만 말씀기도는 말씀을 따라가며 주고받는 대화라는 것이 결정적 차이입니다.

말씀기도에서 주님은 성경 말씀뿐 아니라 오늘 내 삶을 비추시며 덧붙여 말씀하시거나 부연 설명으로 속삭이시지요. 나는 입술로 혹은 몸으로 주님에게 반응하고요. 이 모든 대화는 오직 믿음으로 하는 거예요. 주님은 때로 설명, 계시뿐 아니라 권고, 위로, 격려, 혹은 꾸지람도 하셔요. 친근하고 구체적이에요. 그러면서 내 뜻을 차츰 주께 맞추어 가며 순종하게 되지요.

이해가 잘 안 되네요.

그럴 수 있어요. 성경 말씀과 주님이 내게 더 하실 이야기에 마음을 열면 오늘 내 삶을 비추시는 많은 이야기를 들을 수 있어요. 늘 그런 건 아니지만, 보석 같은 말씀과 설명이 폭포수처럼 쏟아질 때도 있지요. 이럴 땐 '주님이 하실 말씀이 참 많으신가 보다'라고 생각해요.

듣기에 지치지 않아요?

주님의 이야기는 사람들 말과 달라서 지겹거나 가볍지 않아요. 한계가 있는 사람과 한계가 없으신 하나님의 차이라고 할까요? 양파 껍질이 하나하나 벗겨지면서 부드럽고 알찬 속이 계속 드러나듯, 주님은 당신의 뜻을 점점 더 선명하고 아름답게 보여주세요. 또 그분은 지나치지 않으세요. 내게 휴식이 필요할 때 침묵하시거나 조용히 눈 맞추며 힘을 부어주시지요.

놀랍네요. 그런데 많은 연습이나 훈련을 마친 후에야 가능하겠죠?
어제보다 오늘 한 치라도 더 깊은 사랑, 큰 기쁨, 넉넉한 평안을 새롭게 깨닫고 체험할 거예요. 그러면 단 하루라도 말씀기도를 빠뜨리는 게 매우 아쉬울 거예요!

정말 그렇게 될까요?
물론이에요. 어떤 수준을 바라는 대신 매일 새롭게 체험할 것에 감사하고 기뻐할 수만 있다면 가야 할 곳에 이미 온 것이나 다름없어요. 그러니까 오늘부터 바로 시작해보세요.

자석(磁石) 같은 하나님 가슴

좀 더 구체적으로 말해주세요.
수가성 여인이 주님을 어떻게 불렀지요?
당신, 선생님, 예언자, 구세주(You, Sir, Prophet, Messiah)로 자꾸 바뀌었어요.

예레미야는 무너진 예루살렘 앞에서 하나님을 어떻게 불렀죠?

하나님, 그분, 당신(Lord, He, You)으로요.

두 경우가 비슷하게 보이는 이유는 뭘까요? 하나님을 더 잘 알아가고 더 가까워지는 느낌 같아요.

바로 그거예요. 그런데 왜 호칭이 자꾸 바뀔까요?

새로운 게 보이기 때문인가요?

그렇죠. 하나님의 새 모습이 자꾸 드러나니까요. 대화식 말씀기도의 강점이에요. 말씀기도든 아니든 하나님을 점점 더 알아갈수록 그분이 어떤 분인지, 내 곁에 얼마나 가까이 계신지 분명히 알게 돼요.

주님의 호칭도 바뀌고요. 오직 믿음으로 주고받는 인격적 대화는 이런 이해를 훨씬 더 빠르게 해주지요. 하나님의 음성을 들으려는 열린 귀가 있고, 성령님이 친히 가르치신다는 믿음이 있다면 혹 들리지 않더라도 안달하진 않아요.

신실하신 주님을 믿고 다음 기회를 보며 쉬엄쉬엄 넘어갈 수 있거든요. 쥐어짜는 수고는 필요 없어요. 각자의 한계와 죄성을 인정하면서 바람처럼 들려오는 성령님 음성을 그때그때 고맙게 듣고 받는 것이지요. 오직 믿음으로.

하나님 가슴이 왜 자석과 같아요?

다르게 비유하면 태양이 가진 중력이라고 할까요? 어느 날 하나님이 이렇게 말씀하시는 것 같았어요.

"인유야, 지나간 모든 기쁨, 감격, 즐거운 추억조차도 버려야 한다. 하나도 남기지 말고 몽땅 버리거라. 빛바랜 영광과 기쁨에서 미련 없이 떠나야 매 순간 새롭게 경험할 더 나은 것을 담을 수 있단다."

말씀기도는 우리가 이미 알고 있다고 생각해온 모든 걸 끊임없이 뒤집을 거예요. 그리고 하나님 가슴이 태양 같은 자석처럼 점점 더 거세게 날 끌어당기는 느낌을 받을 거예요. 처음에는 죽어가는 생명을 살리기 위한 구급차와 같이 달려오시지요. 그다음엔 피 냄새 진동하는 영혼의 수술이 진행되고, 하나님의 참되고 선하고 아름다운 성품을 보여주는 입원 치료가 이어져요. 마치 안전한 공동체와 말씀 안에서 사랑과 진리로 믿음을 다져가는 거랄까요? 일정 기간이 지나면 건강하게 회복되어 퇴원하지요.

그러다 어느 날 이 땅에서 부활의 삶을 자유롭게 살아가도록 평범한 일상에서 천국의 이쪽을 하나님과 함께 살아가자는 초대장이 날아오지요.

천국의 이쪽이라고요?

주님이 다시 오신 후에 우리가 살아갈 새 하늘과 새 땅이 천국의 저쪽이라면, 우리 곁에 계신 주님과 오늘 함께 살아가는 여기 이 땅은 천국의 이쪽이라고 할 수 있지요. 죄악과 고통이 여전히 설치지만 우리 마음에 자리 잡은 천국을 결코 앗아갈 순 없어요. 이 땅에 널리 드러난 창조의 아름다움도 지울 수 없고요.

그래요?

부활의 삶은 어쩌면 하나님과 함께 걷다가 하늘로 들려간 에녹[8]의 삶과 같아요. 더는 죽음을 맛보지 않아도 되니까요. 그곳에는 구원하시는 하나님, 일상의 문제를 풀어가시는 하나님, 친구처럼 함께 있길 기뻐하시는 하나님, 사랑하는 연인으로 동거하시는 하나님으로 각각 다르게 인식되는 과정이 있을 거예요.

이 과정은 지상을 떠난 로켓이 태양에 다다를수록 큰 중력 때문에 신속히 빨려드는 것과 같아요. 처음엔 이 땅의 검은 세력에서 벗어날 수 있는 강력한 추진체가 필요하지만 다음에는 세상 유혹과 고통이 사라진 무중력 공간으로 날아가지요. 거기서 하나님을 향해 한 걸음씩 더 나아갈 때마다 더욱 거세게 날 끌어당기는 강력한 사랑에 이끌려요.

대화식 말씀기도 사례3

내가 그에게로 들어가 그로 더불어 먹고(2015년 5월)

(기쁨으로 시작한 몇 가지 사역이 힘든 노동으로 바뀌었을 때 하나님께 감동받은 말씀으로 기도했다. 친구와 이야기하듯 해서 더 자유로웠다.)

---

8 에녹은 하나님과 동행하다가 사라졌다. 하나님이 그를 데려가신 것이다. 창 5:24

오늘 아침, 사역으로 인한 중압감이 매우 컸다. 지난 두 주간의 과로까지 겹치다 보니 '기쁨의 샘' 참가자들의 영적 훈련과 진척이 느린 〈사자(獅子) 수레바퀴〉 교재 문제로 마음이 심하게 짓눌렸다. 근심에 싸여 평안을 잃었다. 주님의 도움을 구하며 가만히 그 얼굴을 바라보았다. 주님은 이 말씀을 쥐여주셨다.

볼지어다 내가 문밖에 서서 두드리노니
누구든지 내 음성을 듣고 문을 열면
내가 그에게로 들어가 그와 더불어 먹고
그는 나와 더불어 먹으리라 계 3:20

Ｊ (Jesus): 인유야, 지금 많은 일로 염려하고 있지? 그래, 고단한 네가 혼자 지고 가긴 힘들 거야. 몸과 마음이 많이 지쳤구나. 쉬어야겠다. 이리 가까이 오너라.

Ｉ (나): 네, 주님. 지난 2주간 쉬지 않고 1-2년 분량의 말씀기도를 정리했어요. 중요한 것만 뽑는데도 시간이 이리 걸리니 〈사자(獅子) 수레바퀴〉가 또 뒤로 밀렸어요. 진이 다 빠집니다. 다른 사역과 집안일도 돌봐야 하는데 너무 힘드네요.

Ｊ **볼지어다. 내가 지금 바로 네 곁에 있다.** 처음에 넌 아주 기뻐했다. 하지만 어느 순간 혼자더구나. 일찍 잠자리에 들지 못하고 피곤한

눈과 흐릿한 정신으로 정리하고 있었어. 그러다 점차 초조함과 짜증이 섞이기 시작했지. 그러면서 날 바라보며 상의하고, 이야기하고, 도움을 청하고, 기뻐하고, 기도할 수 있는 모든 문들이 하나하나 닫혔지. 내가 네게 줄 것이 많은데도 날 쳐다보지 않더구나.

Ⓘ 그랬군요. 사흘이면 정리가 다 될 것 같았는데, 너무 오래 걸리니 피곤하고 마음의 여유가 전혀 없었어요. 할 일은 잔뜩 쌓여있는데 쉴 수가 없으니 기운이 빠지고, 기쁘게 시작한 일이 힘든 노역으로 변했어요.

Ⓙ 벌써 100쪽이 넘었으니 책 한 권과 다를 바 없지. 내가 봐도 힘든 일이었어. 그래, 지금이라도 날 찾아왔으니 다행이다. 그동안 내가 문 밖에 서서 기다렸다. **누구든지 내 음성을 듣고 문을 열면….**

Ⓘ 주님의 음성을 못 들었어요. 어떻게 하면 들을 수 있죠? 주님의 음성은 어떤 거죠?

Ⓙ 너는 이미 내 음성을 들었다.

Ⓘ 어떻게요? 무엇을요?

Ⓙ 네 마음에 떠오른 바로 이 말씀이다. 말씀은 바로 나다. 넌 그걸 붙잡았다. 이것이 네가 부지불식간에 들은 내 음성이다.

Ⓘ 가만 생각해보니 주님이 말씀을 쥐여주신 것 같아요.

Ⓙ 같은 말이라도 듣는 귀가 있고, 못 듣는 귀가 있다. 네가 기쁠 때,

슬플 때, 어려움에 처할 때, 평안할 때에 맞춰 내가 네게 들려주는 여러 메시지가 있다. 그런데 이를 제대로 듣는 이가 많지 않다. 내가 말이 없어서가 아니다. 그 마음에 내 음성을 담을 곳이 없어서다.

대신 사람들은 확실한 감동, 환상, 꿈, 귀로 들을 수 있는 음성을 더 찾는다. 물론 내가 그렇게 전할 때도 있지만, 네게 은밀히 이야기할 땐 어찌할 거니?

🄘 모르겠어요. 감동은 간간이 느꼈지만 환상은 거의 없었고, 꿈은 드물었어요. 귀로 들은 적은 아직 한 번도 없었어요. 그런 걸 기다리다간 하루에도 수십 번 몰려오는 여러 어려움을 도무지 감당할 수 없었을 거예요. 또 그런 음성이 주님께서 주신 건지 분명치도 않고요.

🄙 기억해라. 나는 말씀이 육신이 되어 이 땅으로 왔다. 지금도 말씀을 통해 네게로 다가간다. 말씀으로 시작하여 나는 너와 친구처럼 이야기한다. 지금 네게 줄 수 있는 모든 사랑, 기쁨, 약속, 질문, 가르침은 말씀으로 시작한다. 바로 거기서 가장 친한 친구로서 이런저런 이야기가 실타래 풀리듯 나오지. 이것이 가장 구체적이고 확실하다.

말씀은 엉뚱한 곳으로 빠질 수 없는 안전한 내 음성이다. 다른 채널은 죄성을 가진 인간에게 때로 위험한 대화가 될 수 있거든. 그러나 말씀은 그렇지 않다. 자, 어쨌든 네 문을 두드린 지 오래구나. 이제 나를 네 안으로 들일 수 있겠니?

🄘 죄송합니다. 문이 닫힌 줄도 몰랐습니다. 용서해주세요. 자, 어서

들어오셔요.

🅙 괜찮다. 내가 들어가마. 그나저나 참 기쁘구나. 내 목숨과 바꾸어도 아깝지 않은 너와 이렇게 마주 앉으니.

🅘 그러셨지요. 추악한 저를 살리기 위해 십자가에서 피 흘리고 숨을 거두셨지요.

🅙 여기 먹을 게 좀 있느냐? 너와 함께 뭘 좀 먹고 싶구나.

🅘 변변찮은 것들이라…. 그래도 좀 드시겠습니까?

🅙 들다마다. 이만하면 됐다. 내가 이 땅에 있을 때 얼마나 자주 너희와 함께 먹고 마셨는지 기억하니?

🅘 그럼요. 가나 동네 혼인잔치 때는 달콤한 포도주를 마음껏 마시도록 준비해주셨죠. 세리 마태의 집에서 드실 적에는 죄인들과 함께 먹고 마신다고 사람들이 밖에서 구시렁거렸고요. 그래도 주님은 그들과 먹고 즐기며 너무 귀한 이야기를 많이 들려주셨어요. 거기서 들은 돌아온 탕자인 둘째 아들과 아버지 이야기가 기억나네요. 그들이 나중에 다시 만나서 기쁜 잔치를 벌이는 장면은 정말 멋졌어요.

🅙 또?

🅘 베드로의 장모가 차려 낸 밥상이요. 주님을 초대해놓고 흔쾌히 반기지 않았던 바리새인 시몬과의 저녁 식사, 마르다가 항의하면서 차려

낸 식탁, 잡히시기 전날의 만찬, 그리고 부활하신 후에 제자들을 먹이려고 주님이 직접 구우신 생선과 떡 이야기도요.

J 그리고 또?

I 아, 들판에 모인 수많은 무리를 위해 떡 다섯 조각과 생선 두 마리를 하늘로 들어 올리셨죠. 감사기도를 드린 후에 오천 명이 넘는 사람들이 배불리 먹었어요. 그땐 정말 신나고 기뻤어요.

J 그래. 나도 그들과 함께 먹는 게 참 기뻤다. 우리의 배고픔이 오히려 함께 먹는 기쁨과 서로를 깊이 이해하는 사랑을 가져다주곤 했지. 너희에게 영혼의 양식을 먹일 때에도 오늘같이 함께 먹고 마시는 걸 소홀히 하지 않았다.

I **"내가 그에게로 들어가 그와 더불어 먹고 그는 나와 더불어 먹으리라"**라는 말씀이 실감이 잘 안 나요. 그때 그 제자들처럼 주님 얼굴과 손을 두 눈으로 보면서 먹을 수 있으면 얼마나 좋을까요?

J 그랬구나. 넌 이 말을 어떻게 알아듣니? 내가 분명 세상 끝날까지 너와 함께 있겠다고 했잖니. 그런데 그런 나를 지금 네 눈과 귀와 손으로 보고 듣고 만질 수 있니?

I 아뇨. 어려울 때마다 주님을 볼 수 없어 참 안타까워요.

J 기억나니? 네가 한번은 소란스런 백화점 식당에서 쟁반 막국수 한

젓가락을 내게 집어주며 "드셔보세요, 아주 맛나요!"라고 말했지. 누가 보든지 상관 않고. 그 느낌이 어땠지?

I 주님이 마주 앉아있다는 게 잔잔히, 하지만 분명 가슴으로 느껴졌어요. 너무 기뻐서 제가 뭘 하는지도 모르고 막국수를 젓가락으로 집어서 보이지 않는 주님 입에 넣어드렸죠. 남들이 날 어떻게 쳐다보는지 상관 않고요.

J 하하하! 그리고 1993년 가을, 내가 '사자(獅子) 수레바퀴'로 네게 다가갔을 땐?

I 한마디 말도 필요 없었어요. 온 마음으로 주님을 밀쳐내던 제가 온 영혼육으로 주님을 끌어안았지요. 눈과 귀와 손이 아니라 영혼으로 뜨겁게 만난 건 확실해요. 그 기쁨을 어떻게 말할 수 있을까요.

J 그랬었지. 엠마오로 향하던 두 제자가 슬픔에 젖어 걸어갈 때 나는 그들이 볼 수 있게 다가갔어. 그리고 함께 걸었지. 내 십자가와 부활이 무언지 자세히 이야기해주었어. 그러나 식사기도 중에 그들의 눈이 열려 나를 알아본 순간, 무슨 일이 일어났지?

I 주님은 한순간에 사라지셨어요.

J 그렇다. 그런데 내가 떠났다고, 눈에 보이지 않는다고 그들이 내가 함께 있던 걸 의심하더냐?

I 아뇨. 그들은 너무 기뻐서 즉시 예루살렘으로 돌아가 열한 제자와

모인 무리에게 주님을 만난 걸 이야기했어요.

🅙 그날 후로 두 제자의 삶이 어땠을 것 같아?

🅘 변함없었겠지요. 그들의 믿음은…. 육신으로 살아갈 동안 여러 어려움, 한계, 문제로 넘어져도 살아계신 하나님의 두 손을 매 순간 믿음으로 붙잡았을 겁니다.

🅙 그렇다. 이같이 의인은 오직 믿음으로 살아간다. 너도 한때 엠마오 제자들처럼 분명하게 날 만났다. 1993년 10월이었지. 나는 성경에 쓰인 모든 게 널 향한 거부할 수 없는 내 사랑과 진리라고 말했다. 네 영혼육에 불도장으로 새겨주었다. 넌 너무나 기뻐하고 고마워했지. 그 기억은 지금까지 네 영혼을 붙들어준 든든한 닻이 되었다. 신앙의 모든 풍랑을 견디게 해주었지.

이제 그 반대를 생각해보자. 이스라엘은 애굽에서 열 가지 재앙으로 바로의 고집을 매번 꺾어버리는 하나님을 똑똑히 지켜보았다. 그러나 이스라엘 백성은 광야에서 어려움에 처할 때마다 하나님을 한 번도 만나지 못한 것처럼 말하고 행동했지. 그분께서 불기둥과 구름기둥으로 늘 그들 곁에 있는데도 불구하고 말이야. 그들은 중증 치매 환자처럼 하나님을 못 본 척했다. 어려움이 닥칠 때마다 하나님이 행하신 모든 일을 까맣게 잊어버렸다.

성령이 비둘기같이 내려와 내 위에 머무는 걸 본 세례 요한이 무리들에게 외쳤다. "보라 세상 죄를 지고 가는 하나님의 어린양이로다"(요 1:29). 그러나 그 자신도 감옥에 갇힌 후엔 제자들을 보내 내게 물었다. "오실 그분이 바로 선생님이십니까, 아니면 저희가 다른 사람을 기다려야 합니까?"(마 11:3)

너도 잘 알다시피 나는 눈과 귀로 보고 들을 수 있게 그들에게 다가갔다. 복음을 가르치고 병자를 고쳤다. 그래도 그들의 믿음은 여전히 흔들렸다.

이제 알겠니? 네가 그 옛날 내 제자들처럼 직접 나를 보며 나와 함께 먹는다고 해서 네 믿음과 기쁨이 한 치라도 더 나아질 거란 보장은 없다. 그들은 메시아의 권능과 부활까지 보았으나 갈릴리 산에서 나를 만난 무리 중엔 여전히 의심하는 이들이 있었다(마 28:16,17).

그러니 믿음으로 만나는 기쁨이, 눈과 귀로 만나는 기쁨에 비해 부족할 게 무엇이더냐? 나는 도마에게 말했다. "너는 나를 보았기 때문에 믿느냐? 나를 보지 않고도 믿는 사람은 복이 있다"(요 20:29).

의인은 오직 믿음으로 산다. 너는 믿음으로 나와 함께 쟁반 막국수를 먹고 무척 기뻐했다. 그때 나도 너무나 기뻤다. 네가 드디어 믿음으로 내 얼굴을 확실히 바라봤기 때문이다.

이같이 오늘도 너는 믿음으로 나와 함께 먹을 수 있다. 보이지 않는 내가 보이는 우주를 창조했다. 그러니 보이는 것보다 더 선명하게 날 바라보고, 들리는 것보다 더 분명하게 내 음성을 들어야 하지 않겠니? 잠시 아래 말씀을 새겨보아라.

"우리가 주목하는 것은 보이는 것이 아니요 보이지 않는 것이니 보이는 것은 잠깐이요 보이지 않는 것은 영원함이라"(고후 4:18).

"우리는 믿음으로 살아가지, 보는 것으로 살아가지 아니합니다"(고후 5:7).

더 중요한 게 있다. 하나님 형상을 가진 인간이 어찌 입으로 가져가는 떡으로만 살 수 있겠니? 나는 네 배고픈 영혼을 위해 영의 양식도 풍성히 차려놓고 있다. 네가 사역의 중압감, 참가자들의 영성 훈련, 진척이 느린 〈사자(獅子) 수레바퀴〉 집필 등으로 인해 과로로 쓰러질 때 너를 힘 있게 일으킬 만한 나의 약속, 위로, 격려, 사랑, 기쁨, 평안의 말씀과 노래가 넉넉히 있다.

이제 잠시 하던 일을 멈추어라. 분주한 마음도 내려놓고 잠잠히 내게 와 안겨라. 세상이 줄 수 없는 평안, 곧 나의 평안을 받으라. 1993년 가을에 나를 만난 후부터 지금까지 너는 내가 주는 양식, 곧 말씀으로 나의 사랑과 기쁨과 평안을 누려오지 않았더냐!

이 행복한 밥상을 오늘도 네 앞에 변함없이 준비했다. 원수들이 널 에워쌀지라도 나는 그들 앞에서 네 머리에 기름을 붓겠다. 네 손에 들린 축배의 잔에 내 기쁨과 사랑을 넘치게 부어줄 것이다. 이제 꼭 기억해라. **"내가 네게로 들어가 너와 더불어 먹고 너는 나와 더불어 먹으리라."**

🅘 주님, 자세히 일러주시니 좀 알 것 같아요. 정말 고맙습니다!

대화식 말씀기도 사례4

하나님의 말씀은 살아있고 활력이 있어 (2018년 9월)

(매일 드리는 말씀기도 중, '예리한 양날 칼'이라는 말씀에 대해 좀 더 자세한 이해를 구했을 때다.)

> 하나님의 말씀은 살아있고 활력이 있어
> 좌우에 날 선 어떤 검보다도 예리하여
> 혼과 영과 및 관절과 골수를 찔러 쪼개기까지 하며
> 또 마음의 생각과 뜻을 판단하나니 히 4:12

Ⓘ(나) : **하나님의 말씀**이 무엇인가요?

Ⓗ(하나님): 무엇이 아니라 바로 나다!

Ⓘ 그래서 살아있다고 하신 건가요?

Ⓗ 그렇다. **나는 살아있다. 영원히.** 내 손을 잡아보아라. 따뜻한 체온이 느껴지니? 내 가슴에 네 손을 얹어보아라. 널 향한 내 심장 박동이 전해지니?

Ⓘ **활력**은 뭔가요? 움직이시는 건가요?

Ⓗ 그렇다. 오늘도 이렇게 네 옆 1미터 안으로 가까이 다가선다. 너와 이야기할 수 있게 말이다. 사단은 지금도 살아있는 나를 유리벽에 가두

려고 온갖 음모를 꾀한다. 네가 나를 느끼지 못하게 하기 위해서이지. 그러니 속지 마라.

ⓘ 왜 한쪽이 아닌 좌우에 날을 세우셨나요? 그것도 세상에서 가장 예리하게?

ⓗ 네 상한 몸과 마음을 뜬 눈으로 제대로 볼 수 있다면! 네 몸과 마음에 퍼진 암 덩어리들이 보이니? 상하고 곪고 부서진 네 영육이 숨죽여 신음하는 소리가 들리니?

한쪽 날만 세워 전후좌우로 돌릴 여유도 없다. 양날을 써서 속히 수술을 진행해야 한다. 보이니? 두려움, 수치심, 외로움이라는 네 지독한 상처를 감아 매고, 숨겨온 붕대를 찢고, 영혼의 암을 잘라내야 한다. 그래서 가장 예리한 양날의 번쩍이는 칼이 필요하다.

ⓘ 마음만 고치면 되잖아요? 혼과 영만 제대로 수술하면 몸은 절로 낫지 않나요?

ⓗ 어떻게 시작되었든 지금 네 **관절과 골수가 성치 않은데**, 건강한 마음이 제대로 담길까? 네 배가 고프면 내가 나서서 먹였고, 몸이 아프면 서둘러 치료하지 않았더냐? 영혼을 담는 몸이 먼저 강건해야 한다.

ⓘ 좋아요. 하지만 제 마음속에 일어나는 생각과 뜻은 제가 잘 알고 있지 않나요?

🅗 그렇다면 세상 많은 사람이 가진 착각, 오해, 억측, 다툼, 논쟁이 없을 거야. 너희는 마땅히 보아야 할 것을 보지 못하고 들어야 할 것을 듣지 못하는 불구자요, 소경이요, 벙어리여서 자기 자신조차도 제대로 알지 못한다. 그 마음에 떠도는 참 생각과 뜻이 무언지.

🅘 그럼 어떡해야 하나요?

🅗 내게 맡겨라. 나 곧 내 메시지에. 사랑과 진리의 메시지로 땅의 사실들을 다스려라!

대화식 말씀기도 요약3

주님의 친구로서 직접적 가르침 요청(2015년 4월)

이 복음은, 내가 사람에게서 받거나 배운 것이 아니다.
예수 그리스도의 계시로 받은 것이다. 갈 1:12, 저자 역

말씀이 사람이 되어서 우리와 함께 계셨는데
우리는 그분의 영광을 보았다.
그것은 외아들이 아버지에게서 받은 영광이었다.
그분에게는 은총과 진리가 충만하였다. 요 1:14

말씀이 육신이 되어 우리 가운데 거하신다는 믿음으로, 주의 가르침을 매일 친히 받을 수 있다면 얼마나 놀라울까! 위의 말씀은 이것에 확신을 심어준다. 말씀기도는 말씀을 따라 이야기하는 가운데 하나님의 인격적 가르침을 받는 채널이다. 이와 같이 하나님의 직접계시는 특별계시인 성경을 통해 능히 가능하다.

오늘날 성도들에게 이런 확신이 있는가? 없다면 왜인가? 하나님의 깊고 단순하고 선명한 뜻이 어째서 가슴에 불화살처럼 새겨지지 않는가? 믿음, 인격적 대화, 성화의 모험의 기쁨이 없기 때문이다.

말씀기도를 시작하라. 주님과의 인격적 대화를 통해 길어 올린 생명수를 맛보라. 어느 순간 생명 샘으로 바뀔 것이다. 그리스도의 모습을 닮아가기 위해 오늘 바로 시작하라. 성경과 상관없이 직통계시를 받았다고 말하는 이들이 가끔 있다. 대부분 그릇된 동기나 유아기적 신앙을 가진 이들이다. 말씀으로 주님과 인격적 대화를 시작하라.

대화식 말씀기도 요약4

우리를 친구처럼 대해주시는 인격적인 주님(2015년 4월)

이제 나는 너희를 종이라고 부르지 않고 벗이라고 부르겠다.
종은 주인이 하는 일을 모른다.

그러나 나는 너희에게 내 아버지에게서 들은 것을
모두 다 알려주었다. 요 15:15

친구나 가족과 이야기할 때 신비로운 분위기가 필요한가? 추상적이거
나 세련된 언어가 필요한가? 비위를 맞추기 위해 솔직하지 않은 말을
해야 하는가? 전혀 아니다. 일상적이고 투명한 언어를 쓴다. 우리는 하
나님이 끔찍이 아끼시는 그분의 자녀가 아닌가! 말씀기도를 통한 하나
님과의 대화도 그래야 한다.

주님은 제자들에게 모든 걸 다 가르치신 후(하나님 말씀을 다 전하신 후)
그들을 '친구'라고 선언하신다. 성경으로 하나님 말씀을 모두 받은 나
도 주님의 친구가 된 제자들과 다름없다. 그렇다면 나는 주님을 진정
가까운 친구로 여기는가? 그 느낌이 실제적으로 있는가? 아니다.

의심과 불신이 가득한 이 땅에서 내 생각과 느낌이 어떠할지라도 나를
친구라고 부르시는 하늘의 현실을 붙잡아야 한다. 그 현실로 이 땅에
서 살아가는 연습을 지속하자. 아브라함이 후손을 주시겠다는 하나님
의 약속을 받고 믿었지만, 현실로 실감하는 데는 25년이 걸렸다. 나도
그만큼이나 걸려야 할까? 아니다. 곧바로 믿음으로 들어서야 하리라.

대화식 말씀기도 요약5

눈뜬장님과 성숙한 믿음(2015년 11월)

바리새파 사람들이 그 사람을 내쫓았다는 말을

예수께서 들으시고, 그를 만나서 물으셨다.

"네가 인자를 믿느냐?"

그가 대답하였다.

"선생님, 그분이 어느 분입니까? 내가 그분을 믿겠습니다."

예수께서 그에게 말씀하셨다.

"너는 이미 그를 보았다. 너와 말하고 있는 사람이 바로 그이다."

그는 "주님, 내가 믿습니다." 하고 말하고서,

예수께 엎드려 절하였다. 요 9:35-38

주님이 만져주신 후 소경이 눈을 떴다. 그러나 그는 여전히 눈뜬장님이
다. 허상에 불과한 사물을 보는 눈은 열렸지만, 영원한 실상이신 주님
은 알아보지 못한다. 그래서 주님은 "네가 사람의 아들을 믿느냐?"라
고 물으셨다.

복음을 받은 나는 메시아이신 그리스도를 믿는 것이 크게 어렵지 않다.
그러나 평범한 인간의 모습을 하고 오늘 내게 다가오신 예수님은 잘
알아보지 못한다. 부활의 삶을 살아가는 나는 부활하신 후 친구처럼

가까이 곁으로 오신 주님을 주목하고 그와 함께 살아가야 하리라.

기억하라. 십자가와 부활이 마침표를 찍은 놀라운 구원의 은혜를! 이 땅의 상황과 내 모습이 어떠하든, 나는 가야 할 곳에 이미 와 있다. 그리고 변함없이 날 사랑하는 이 앞에 흠 없이 서 있다. 하늘의 현실이다. 복음이 가져온 하늘의 현실로 땅의 현실을 다스려라.

십자가를 넘어 부활의 삶을
오늘, 여기서, 구체적으로
살아간다는 건 무엇일까?

오직 믿음으로 하나님 얼굴을 바라보며
두 손을 붙잡고 함께 걷고,
먹고, 마시고, 일하고, 쉬고,
놀고, 잠드는 삶이 무엇일까?

완전한 구원이 이뤄진 이 땅에서
하늘의 현실로 땅의 현실을 다스리며,
곧 진리로 사실을 다스리며
천국의 이쪽을 살아가는 게 아닐까?

PART 4

대화식 말씀기도로
부활의 삶을 살아가다

찢어진 성소 휘장을
다시 꿰맬 건가?

CHAPTER

1

지금 여기서 거침없이 지성소로

지성소 휘장을 다시 꿰맨다고요?

많은 신앙인이 그러고들 있어요. 자신도 모르게.

주님이 십자가에서 "다 이루었다"라고 하셨잖아요. 그때 성소 휘장이 위에서 아래로 찢어졌고요. 이것을 다시 꿰맨다는 걸 들어본 적이 없어요.

물론이죠. 그런데 찢어진 휘장 너머 지성소에 들어가 본 적이 있나요?

무슨 말씀인지? 전 그 당시에 살지 않았는데 어떻게….

주님을 만난 후, 하늘 지성소에 들어가 본 적이 있는지 묻는 거예요.

하늘 지성소요?

예수의 피를 힘입어 성소에 들어갈 담력을 얻었다[9]는 말씀이 있지요. 어디에 있는 성소를 두고 한 말씀일까요?

글쎄요….

땅의 성소는 주님이 돌아가신 뒤 수십 년 만에 로마 군인들이 산산이 무너뜨렸지요.

그러면 하늘 성소는요?

그렇습니다. 그밖에 다른 곳이 없어요. 하지만 그 성소는 지금 우리 마음에도 있어요. 한때 이 땅에 오랫동안 있었던 모형(模型) 성소와는 차원이 달라요. 하늘 성소와 다름없는 실제입니다. 우리가 주님을 받아들인 후에 얼마나 자주 그곳에 들어갔는지가 중요해요. 혹시 직접 들어가 보셨나요?

감히 거길 어떻게요. 하늘 성소라니 왠지….

한 가지 더 물을게요. 2천 년 전에 주님을 십자가에 못 박은 이스라엘 백성들은 그를 메시아로 인정했나요?

아니요.

---

9 그러므로 형제들아 우리가 예수의 피를 힘입어 성소에 들어갈 담력을 얻었나니 히 10:19

그렇다면 왜 찢긴 휘장을 깁거나 새 휘장을 만들지 않았을까요?

글쎄요.

그들이 예수 그리스도가 메시아라는 걸 극구 부인했다면, 그가 진정 나사렛 이단(異端)이라면, 그날 성소 휘장이 우연히 찢어진 거라면 마땅히 새것을 만들었어야 하지 않을까요. 그런데 지금껏 이 세상의 어떤 세력도 주님이 완벽하게 마치신 일을 뒤집을 순 없었어요.

휘장이 찢어졌을 때 땅의 성소는 하나님의 진노로 거룩함을 잃었어요. 평범한 장소로 추락한 거지요. 이제 우리에게 남은 성소는 하늘과 우리 마음에 있는 성소밖에 없어요.

바로 이것이 기막힌 역전(逆轉)이지요. 희생양이나 화목제(和睦祭) 소를 잡아 뿌리는 피 냄새, 제단에서 타는 기름 냄새가 진동하던 땅의 성소가 사라지자 하늘 성소, 곧 마음의 성소만 남았어요. 피비린내 진동하는 속죄 대신에 정직한 회개와 감사를 올려드리는 장소로 바뀐 것이지요.

그뿐이 아니에요. 영혼의 화목제, 곧 만남의 기쁨과 은밀한 사랑이 오가는 장소이기도 합니다. 우리가 그 영광스런 곳에 언제든 예수의 피를 힘입어 들어갈 수 있게 되었어요.

아, 그렇군요.

찢어진 휘장을 다시 꿰매는 무리의 거짓말에 걸려 넘어지는 이들이 꽤 많아요. 허상에 지나지 않는 거짓 성소를 이 땅에 다시 세우려는 사단의 계략이지요.

거기에 걸려든 이들은 하나님과 성도들 사이의 자유로운 왕래와 사귐을 가로막는 유리벽에 부딪혀버려요. 하나님과의 친밀한 교제는 고사하고 신약시대 율법에 갇혀버리지요.

신약시대 율법이라고요?
하늘 지성소에 들어가려는 사람들에게 "당신은 아직 아니야. 불결하고 더럽고 사악한 마음을 예수의 피로 다 씻어내고 철저히 회개한 후에야 들어갈 수 있어"라고 말하지요.

정결한 마음으로 들어가야 하지 않나요? 마음이 청결한 자가 하늘나라를 볼 수 있다고 했잖아요.
예수의 피는 세제(洗劑)가 아닙니다. 온전한 속죄로 흠투성이인 우리를 티 없는 의인(義人)으로 바꾸어 하나님 앞에 당당히 서게 한 구원의 피입니다. 주님이 남김없이 흘리신 피는 언제든 믿음으로 지성소에 들어갈 수 있는 열쇠라고 할 수 있어요. 이 사실을 믿고, 우리 모습 그대로 들어가는 겁니다. 철저한 회개와 마음의 정결함은 하나님의 성소에 들어가서 그분을 만나 그 얼굴을 바라볼 때에야 가능하지요. 어떻게 스스로 그 일을 마칠 수 있을까요?

그런 것 같기도 하고, 아닌 것 같기도 해요.
좀 더 자세히 말해볼게요. 말씀기도가 예수의 피를 힘입어 믿음으로 지성소에 들어가는 걸 어떻게 도울 수 있는지도 알게 될 거예요.

오늘 여기서 날 안으시는 주님

수십 년 동안 교회에 다녀도 주님과 가까워지지 않는 이, 어려운 일이 생길 때마다 금식, 철야, 예언 기도, 축사(逐邪)에만 매달리는 이, 하나님의 계명을 기쁘게 따르기보다 무거운 짐처럼 여기며 노예처럼 끌려다니는 이, 부활의 삶이 이끄는 변화와 성숙의 길로 들어서는 대신 찢어진 휘장을 다시 꿰매듯 새 규칙에 갇히는 이들이 있다.

주님은 부활하신 후에 눈에 보이는 육체로 제자들에게 다시 나타나신 것처럼 오늘도 성육신(成肉身), 곧 완전한 사람으로 우리에게 오신다. 평범한 일상에서 "내가 세상 끝날까지 너희와 항상 함께 있으리라"(마 28:20)라는 임마누엘 약속을 지키신다. 그런데 우리는 왜 하나님의 임재가 특별한 때와 장소에서만 가능하다고 착각하는가?

하나님을 특별한 시간과 장소에 가두려는 이들은 섬세한 영성과 경건을 요구한다. 이는 주님이 십자가에서 두 쪽으로 온전히 찢으신 휘장을 다시 꿰매는 것과 다르지 않다. 태초에 하나님의 아름다운 창조가 시작되기 전, 그분의 영이 어떻게 이 땅으로 오셨는지 주목해보라.

> 땅은 아직 모양을 갖추지 않고 아무것도 생기지 않았는데,
> 어둠이 깊은 물 위에 뒤덮여있었고 그 물 위에
> 하나님의 기운이 휘돌고 있었다. 창 1:2

오늘도 이같이 하나님은 어지럽고 무질서한 내 마음을 휘젓고 오셔서 놀라운 창조 질서를 세우시고, 당신의 진선미를 보여주신다. 그분의 임재를 위해 우리가 준비할 건 아무것도 없다. 처참하게 타락한 우리가 그분을 만나기 위해 무얼 준비할 수 있는가! 오직 믿음으로 이미 오신 그분을 바라보는 것 외에는 없다. 그런 후에야 그분이 가져다주는 참 정결과 경건과 아름다움이 시작된다.

아무리 마음이 어지럽고 소란스러울지라도 머뭇거리지 말라. 믿음으로 나아가 잠잠히 그분을 바라보라. 스스로 마음을 잠재우려 들지 말라. 그럴수록 마음의 소음과 소요(騷擾)가 더 거세질 수 있다. 오히려 어지러운 마음 한복판으로 들어오실 주님을 믿음으로 바라보며 감사하고 기뻐하라. 마음 문을 활짝 열고 팔을 뻗어 주님을 맞이하라!

우리는 하나님의 임재를 열렬히 사모하지만 정작 오늘 낮은 자리로 이미 오셔서 말씀하시는 주님은 외면한다. 우리와 같은 언어를 쓰시는 거룩한 하나님이 곁에 계신다는 놀라운 은혜를 극구 부인한다.

사람들이 기대하는 하나님의 임재는 대부분 복음적이지 않다. "처녀가 잉태하여 아들을 낳으리니"(눅 1:30,31 참조)라는 소식을 순순히 받아들인 마리아와 같이 하나님의 임재로 그리스도의 모습이 자신 안에서 빚어질 것을 믿는 성도가 흔치 않다.

때로는 감정의 파도에 따라 움직이는 모습도 보인다. 현실과 동떨어진 신비한 존재가 범상치 않은 길로 오기를 막연히 기다린다. 그래서 지금 여기에 계신 주님을 바라보지 않는다. 믿음으로 이야기하지 않는다. 일상의 평범한 언어를 사용하지 않는다.

이 틈새를 타고 '주님의 음성을 듣는 법', 혹은 '하나님 임재로 들어가기'라는 이름 아래 특별한 준비와 기교를 강조하는 세미나들이 여기저기 나타난다. 성경적인 내용도 있지만 이상하고 기괴한 방법도 가끔 보인다.

이제 묻고 싶다. 나를 살리기 위해 죽기까지 십자가에 오르신 주님을 믿기 쉬운가 아니면 오늘 저녁 잠자리에서 왼팔로 내 머리를 고이고 오른팔로 나를 껴안으시는 주님을[10] 믿기 쉬운가?

주님이 오르신 십자가는 사랑이라는 거대한 산의 꼭대기가 아닌가! 그렇다면 오늘 밤 나를 안으시는 사랑은 그 산 언저리에 지나지 않는다. 어느 곳에 오르기가 더 쉬운가? 십자가가 믿어진다면 오늘 밤 나를 껴안으시는 주님에 대한 믿음은 너무나 당연하다.

그런데 대부분의 사람들은 도저히 믿기 어려운 놀라운 사건은 믿는다고 하면서 평범한 일상에 오신 주님의 말씀과 몸짓은 믿으려 하지 않는다. 그래서 주님과 함께 자고 일하지 못한다.

오늘 여기 영광의 몸을 입고 내 곁으로 오신 주님, 그분이 나를 연인처럼 사랑한다는 믿음이 왜 없는가? 나를 위해 자기 몸을 버리신 주님을 믿는다고 하면서 오늘 여기서 날 껴안으시는 하나님은 왜 한사코 거부하는가?

---

10 그가 왼팔로 내 머리를 고이고 오른팔로 나를 안는구나 아 2:6

마귀의 훼방을 이기고 믿음으로 대화하기

여우 떼를 좀 잡아주오.
꽃이 한창인 우리 포도원을 망가뜨리는
새끼 여우 떼를 좀 잡아주오. 아 2:15

마귀는 성도와 하나님의 사랑을 어떻게든 훼방하려고 애쓴다. 사랑의 포도원 울타리를 헐려고 한다. 달콤한 포도즙을 함께 맛보는 두 연인의 웃음소리가 사단의 가슴을 갈기갈기 찢기 때문에 기를 쓰고 포도원을 헤집고 사랑의 꽃을 짓밟는다.

하나님과의 인격적 사랑을 이상한 거룩함으로 바꾼다. 비현실적이고 괴상한 규칙과 모양을 거룩이라 한다. 손이 닿지 않는 신기루를 띄워놓는다. 오직 믿음으로 들어갈 수 있는 하나님의 침실을 경건을 가장한 거짓말로 막아선다.

"당신은 아직 아니다. 너무 불결하다. 특별히 잘 준비된 사람만이 하나님의 특별한 은혜로 드물게 들어갈 수 있다!"

이렇게 평범한 일상으로 다가오신 주님을 가로막는다. 십자가와 부활을 통해 주님이 이 땅으로 가져오신 하늘나라를 부정한다. 하나님과 나를 갈라놓는 휘장은 허상이다. 참 복음을 믿는 성도는 이를 넘어서 담대히 지성소로 나아간다. 오직 그리스도의 피를 힘입어 바로 지금 여기서! 지성소에서 참 정결과 거룩함을 입고, 참 사랑과 기쁨을 체험할 것이기에. 이것이 복음의 진수다.

말씀기도는 바로 이 지성소로 거침없이 들어가 하나님 앞에서 인간의 모든 다양한 정서와 반응을 정직하게 나누는 길 중 하나다. 하나님과의 인격적 대화와 교제를 통해서.

하나님께서는 그 몸을 내어주신 그리스도의 죽음을 통해

여러분과 화해하셨습니다.

그 결과로 하나님은 자신이 계신 곳으로

친히 당신을 데리고 오셨습니다.

이제 당신은 한 점 흠 없고 나무랄 데 없는 자로서

하나님 앞에 서 있습니다.

그러나 이 진리를 지속적으로 믿고

그 안에 굳건히 서 있어야 합니다.

당신이 처음 복음을 들었을 때 받은 확실한 믿음에서

표류하지 않아야 합니다. 골 1:22,23, 저자 역

만일 부활의 삶 곧 성화의 과정을 두고 '거룩함을 계속 추구해야 돼! 더 깨끗하게 살아야 하나님과 가까이 지낼 수 있어!' 혹은 '성화의 수고를 계속 기울여야 성소에 들어가 하나님을 만날 수 있지'라고 이해한다면 큰 함정과 오류에 빠진다. 신약에서 다시 구약으로 뒷걸음질치는 격이다. 사도 바울이 갈라디아 사람들에게 던진 질문을 보자.

여러분은 율법을 행하는 행위로 성령을 받았습니까?

그렇지 않으면, 믿음의 소식을 들어서 성령을 받았습니까? 갈 3:2

지금 내 모습이 어둡고 흉악하든, 이를 바라보는 내 마음이 비참하든 하나님이 마치신 구원은 한 치도 흔들릴 수 없다. 나는 이미 한 치의 티끌도 없는 거룩하고 흠 없는 자로서 하나님 앞에 서 있다. 이것이 바로 주님이 완벽하게 이루신 구원이고 복음이다. 주님의 죽음과 부활로 하나님은 나를 그분이 계신 곳으로 친히 데려다 놓으셨다.

물론 구원받은 후에도 우리는 심히 추악하다. 스스로 보기에도 그렇다. 이것은 이 땅의 현실이고 사실이다. 지나갈 현실이다. 그러나 우리에겐 영원하고 움직일 수 없는 또 하나의 현실이 있다. 진리에 바탕을 둔 하늘의 현실이다.

참 회개와 믿음으로 복음을 받아들인 자는 한 치의 티끌도 없이 거룩하고 흠 없는 자로서 하나님 앞에 서 있다는 현실이다. 미래의 현실이 아니라 지금 여기의 현실이다.

충돌하는 두 현실 앞에서 어느 곳에 시선을 고정시킬 것인가? 성도는 하늘의 현실로 땅의 현실을 다스리기를 늘 연습해야 한다. 이것이 성화의 훈련이다. 앞에 인용한 골로새서 1장 23절이 강조하는 내용이다.

거룩하신 하나님이 거룩하지 않은 것과 같이 있을 수 있는가? 그럴 수 없다. 나는 어떻게 해서 흠 없고 티 없이 하나님 앞에 설 수 있는가? 오직 예수님이 완벽히 마치신 구원 때문이다. 골로새서 1장 22,23절은 그 배경과 결과와 우리가 기억할 일을 분명히 설명해주고 있다. 인간은 그 어떤 노력을 기울여도 하나님이 뜻하시는 거룩함에 이르지 못한다.

하늘의 지성소, 곧 마음의 지성소가 이를 위해 있지 않은가! 구원받은 자로서 그리스도인은 자신의 죄악을 깨달을 때마다 주님께 가져가 회개하고 악한 마음과 행위에서 돌이켜야 한다. 땅의 현실과 하늘의 현실이 화해하는 장소가 바로 지성소이기 때문이다. 그러나 성화의 과정을 인간의 노력으로만 그릇 해석하여 다시 구약 율법의 수고에 묶어두려는 게 사단의 계략이다.

그리스도의 십자가와 부활로 인해 사망이라는 치명적 무기를 빼앗긴 사단에게 남은 계략은 거짓말뿐이다. 그 거짓말은 새빨간 거짓이 아니라 이 땅의 현실에 근거한 참소(讒訴)이다. 그래서 많은 그리스도인이 혼란에 빠진다. 땅의 현실과 하늘의 현실을 분별하는 능력이 부족하기 때문이다.

성화의 훈련은 하늘의 현실로 땅의 현실을 다스리는 것이다. 나를 깨끗하고 거룩하게 하여 지성소에 들어가겠다는 것이 아니라, 이 모습 이대로 지성소에 들어가 하나님의 깨끗함과 거룩함을 입는 것이다.

지금 여기서 당당하게 주님과 함께 이야기하고 노래하고 춤추어야 한다. 이것이 이미 이 땅에서 하늘나라를 살아가는 성도의 자세이다.

하나님나라는 "이미, 그러나 아직(Already, but Not Yet)"이다. 주님 다시 오시는 그날까지 엄연한 하늘의 현실이 있지만, 완전히 진멸되지 않은 악의 세력이 설치는 이 땅의 험악한 현실은 어둠의 힘을 발휘한다.

땅의 현실을 인정하되, 받아들이진 말아야 한다. 시선을 땅에만 두어 지금 여기 계신 하나님을 만나지 못하거나 하늘의 현실을 부인하는 일도 없어야 한다.

우리는 이미 거룩하게 되었고, 흠 없는 자로서 하나님 앞에 서 있다. 가야 할 곳에 이미 와 있다. 남은 일은 이 믿음을 든든히 붙드는 것이다. 하늘의 현실을 수시로 뒤집으려는 땅의 현실에 속지 말아야 한다.

지금 여기서 예수의 피를 힘입어 하늘 지성소로 당당히 들어설 때에야 비로소 하나님의 깨끗함과 거룩함을 입는다. 이 땅에서 하나님 뜻대로 살아나갈 열망과 힘이 주어진다. 바로 거듭남의 축복이다.

그러므로 말씀기도, 곧 성경 전체를 읽어가며 주요 대목마다 멈추어 하나님과 믿음의 대화를 시작해보라. 위에서 말한 모든 것이 실제로 드러날 것이다.

십자가에서 멈춘 구원,
시작도 못한 부활의 삶

CHAPTER
2

오늘을 살아가는 부활의 삶

부활의 삶에 대해 더 알고 싶어요.

모든 신앙인이 부활을 살아가면 좋으련만 대부분의 사람들이 십자가에서 멈춰버려요. 주님이 선물하신 부활을 거침없이 기쁘게 살아가는 사람을 만나기가 무척 어려워요.

십자가에서 멈췄다고요? 우리의 구원이?

몇몇 사람을 제외하곤 그렇지 않나요?

부활이 있잖아요?

하긴 부활절 축제가 꽤 요란하지요. 그런데 한번 묻고 싶군요. 당신은 정말 무덤에서 일어났나요?

성경에 그렇게 쓰여있으니 그대로 믿어야죠….

컴컴한 무덤에서 일어난 기분이 어땠어요? 다시 살아서 걸어나온 느낌이던가요?

음, 글쎄요.

잘 생각해보세요. 내가 보기에 십자가는 죽음 골짜기를 가로지르는 큰 다리입니다. 기쁘고 신나는 생명으로 이어진 다리! 십자가는 여인이 아이를 낳는 끔찍한 아픔이지만 부활은 아이를 얻은 엄청난 기쁨이지요![11] 부활 없는 십자가가 무슨 의미가 있나요? 주님은 그 기쁨을 바라보고 십자가의 고통을 견디셨어요.[12]

우리가 아는 그렇고 그런 기쁨이 아니라 주님이 약속한 주님의 기쁨입니다.[13] 부활한 생명이 어떤 거라고 생각해요? 아니, 당신은 부활을 어떻게 살아가고 있나요?

---

11 여자가 해산할 때에는 근심에 잠긴다. 진통할 때가 왔기 때문이다. 그러나 아이를 낳으면, 사람이 세상에 태어났다는 기쁨 때문에, 그 고통을 더 이상 기억하지 않는다. 요 16:21

12 믿음의 창시자요 완성자이신 예수를 바라봅시다. 그는 자기 앞에 놓여있는 기쁨을 내다보고서, 부끄러움을 마음에 두지 않으시고, 십자가를 참으셨습니다. 그리하여 그는 하나님의 보좌 오른쪽에 앉으셨습니다. 히 12:2

13 아버지께서 나를 사랑하신 것과 같이, 나도 너희를 사랑하였다. 너희는 내 사랑 안에 머물러 있어라. 너희가 내 계명을 지키면, 내 사랑 안에 머물러 있을 것이다. 그것은 마치 내가 내 아버지의 계명을 지켜서, 그 사랑 안에 머물러 있는 것과 같다. 내가 너희에게 이러한 말을 한 것은, 내 기쁨이 너희 안에 있게 하고, 또 너희의 기쁨이 넘치게 하려는 것이다. 내 계명은 이것이다. 내가 너희를 사랑한 것과 같이, 너희도 서로 사랑하여라. 요 15:9~12

주님의 뜻에 따라 사는 것 아닌가요? 성화의 길?

당신이 말한 성화의 길에는 주님과 같이 산책하는 생생한 즐거움이 있나요? 매일 주님과 함께 떠나는 여행, 말하자면 신나는 탐험 같은 것 말이에요.

그럴 때도 있고, 아닐 때도 있어요.

이 땅에서 부활을 살아가는 건, 주님과 이웃과 함께 지금 여기서 천국을 살아가는 거예요. 멋지고 단호하고 생생하게 천국의 이쪽을 살아가는 거지요.

주님이 다시 오실 때까지는 악한 것들이 설쳐대서 아프고 어려운 일이 많을지 몰라요. 성화란 주님이 주시는 평안과 기쁨을 한순간도 빼앗기지 않는 훈련이에요. 임마누엘 주님의 이름을 자세히 들여다보면서 살펴보지요.

은혜의 이름, 임마누엘

어느 날, 말씀기도를 통해 주님의 이름에 대해 감동을 받은 것을 정리했다.

"그리스도 예수."
"그리스도 예수?"
"그리스도 예수!"

2014년 9월 19일 말씀기도 중에

이 이름이 충격적으로 다가왔다.

예수님 생전에는 쓰인 적 없었던 이름,

"그리스도 예수."

사복음서에는 나타나지 않는다.

오직 주님 부활 후 바울의 편지에서 자주 나타났다.

"그리스도 예수."

"지금 영광의 보좌에 앉으신 메시아는

바로 내 곁에 계신 예수?"

주님의 이름과 성은 늘 "예수 그리스도"

아니면 "그리스도 예수"다.

예수의 인성(人性)과 그리스도의

신성(神性)이 섞인 이름이다.

어제도 성육신, 오늘도 성육신이다.

주님은 자신을 "사람의 아들"이라 부르고,

우리는 그를 "하나님의 아들"이라고 부른다.

주님은 낮고 낮은 사람의 모습을 보이려 애쓰고

우리는 영광스러운 메시아를 보려고 애쓴다.

하나님의 아들, 그리스도는 오직 한 분이시다.

그러나 사람의 아들,

예수라는 이름을 가진 이들은 여럿이다.

이렇게 흔한 이름,

예수로 주님은 우리와 함께 있길 원하신다.

부활하신 "그리스도 예수",

하늘 보좌 우편에 계신 하나님의 아들이,

영광의 자리에 오르신 그리스도가

지금 사람 모습으로 내 곁에 계신 예수님이다.

임마누엘 주님의 모습이 선명해진다.

"아, 영광의 주님!

오늘도 사람 모습으로 내 곁에 계신 메시아!"

"그렇다. 이렇게 내가 네 곁으로 온 것은 너와 함께

먹고 마시고 얘기하고 일하고 사랑하기 위해서다."

"그리스도 예수!!!"

이 이름은 복음을 받아들인 우리가

각별히 주목해야 할 이름이었다.

주님이 오늘 어떤 모습으로

우리 일상에 와 계신지 제대로 보려면….

그 충격과 함께 십자가와 부활이 겹쳤다.

주님을 믿는다고 하는 우리의 일그러진 신앙도 보였다.

부활 후, 지극한 영광을 입고 하나님 보좌 우편에 계신

바로 그 그리스도가 평범하지만 완전한 사람으로

오늘 우리 곁에 오신 예수임을 믿지 않기 때문이다.

오늘 친구처럼 오신 예수님과 함께 걷지 않는다.

함께 먹지 않는다.

함께 얘기하지 않는다.

함께 일하지 않는다.

우리가 상상하고 기대하는 모습,

평범한 현실과 동떨어진 모습,

혹은 지극히 비범한 그리스도의 모습으로만

우리에게 나타나신다고 상상한다.

우리는 "그리스도는 예수"라고 하지 않고

애써 "그리스도는 그리스도"라고 외친다.

"예수는 그리스도(메시아)가 아니야!"라고 외치던

2천 년 전 이스라엘과 다를 바 없다.

"흥, 나사렛 촌 동네 목수,

우리가 잘 아는 청년 예수가

어떻게 유대 왕이 될 수 있어?

십자가에 힘없이 못 박힌 저자가
어떻게 메시아냐고!
그리스도는 그리스도답게 오고,
떠날 때도 그리스도답게 가야 해!
그런데 태어날 땐 외양간,
죽을 땐 맙소사, 십자가라고!"

그래서 그들은 "예수는 그리스도"라고 하지 않고
"예수는 예수일 뿐"이라고 외쳤다.
그들이 본 십자가에선 인간 예수만 보일 뿐,
메시아이신 그리스도는 가려졌다.

"예수 그리스도"라는 이름이 필요했던
2천 년 전 이스라엘은 예수라는 이름만 주목했고
그리스도를 보지 못했다.

한편 '그리스도 예수'라는 이름이 필요한
오늘의 그리스도인은 영광의 그리스도만 주목하고
곁에 계신 예수를 보지 못한다.
십자가에 달린 주님을 두고 이스라엘은
"예수는 그리스도요!"라고 할 수 없었다.

승천하신 주님을 두고 우리는 대부분
"그리스도는 예수요!"라고 하지 않는다.

두 무리가 다 두 번째 이름을 주목하지 못해,
성씨(姓氏) 같은 두 번째 이름을 믿지 못해
이스라엘은 주님을 십자가에 못 박았고
오늘의 그리스도인은 부활하신 주님과 함께 걷지 않는다.
그러나 사람의 아들 예수로 오신 그분이
십자가를 지신 그리스도시요,
부활하신 영광의 그리스도가
오늘 내 곁에 계신 예수임을 깨닫는다면
그들과 우리는 전혀 다른 역사를 써갔을 것이다.

2천 년 전 인간의 몸을 입고 오신 메시아는
'예수 그리스도'로 불렸다.
이제 하늘나라 영광의 자리에 계신 메시아는
'그리스도 예수'로 불린다.
이 두 이름이 승천 이전과 이후에
딱 들어맞는 놀라운 언약이요 축복이다.
예수는 십자가에서 위로 오르셨고,
그리스도는 성육신하여 아래로 내려오신다.

그러나 오늘날 임마누엘 주님을 믿는 우리는 어떤가?

부활하신 그리스도가 예수라는 이름을 가진 온전한 사람으로

친구처럼 곁에 가까이 계시다는 걸 받아들이는가?

당시 이스라엘과 달리

오늘날 주님을 믿는 우리는 대부분

십자가에 달리신 사람의 아들이 그리스도임을 믿는다.

그의 고통을 함께 아파하고, 그 죽음을 애통해한다.

우리를 대신하여 거쳐 가신

고통과 죽음을 또한 뼈아프게 생각한다.

십자가에서 남김없이 흘리신 그 피로

우리 모든 죄가 깨끗이 사라졌다고 믿는다.

그러나 대부분 거기서 멈춘다.

하나님의 자녀로 다시 태어난 그 장소에서….

부활의 삶을 통해 자라가야 할 신앙이

바로 거기서 영적 발달장애에 빠진다.

우린 늘 그랬다.

지나간 하나님 일은 굳게 믿는다.

그러나 오늘 여기서 하나님이 하시는 일은

대부분 믿지 않는다.
가장 중요한 건 지금 여기의 하나님이고
지금 여기의 믿음인데….

복음을 전해준 산파(産婆)의 돌봄으로
산고(産苦)를 치르고 다시 태어나기는 했으나,
영광의 모습으로 자라가지 못한다.
갓 태어난 아기를 요람 아닌
광야에 던져버리기라도 했던가?
아기가 홀로 서기까지 누가 어떻게 먹이고 키울 것인가?

2천 년 전 제자들에게 주님이
죽음과 부활을 이야기했을 때
그들의 반응은 어떠했는가?
그들의 시선은 죽음에만 머물러
부활의 삶과 기쁨을 알지 못했다.

사람의 아들이 이제 배신을 당하여
사람들 손에 넘겨질 것이다.
그들은 그를 죽일 것이다.
그리고 사흘 후 그는 부활할 것이다.

제자들은 이 말을 듣고 극도로 슬퍼하였다.

마 17:22,23, 저자 역

동전의 양면과 같은 구원!
한쪽은 십자가요 다른 쪽은 부활이다.
한쪽은 죽음이요 다른 쪽은 생명이다.
한쪽은 슬픔이요 다른 쪽은 기쁨이다.
그러나 우리 시선이 십자가에만 머물 때,
완벽한 구원은 반 토막으로 처참히 쪼개진다.

주님의 이름, 그 자체가 왜 큰 은혜로 다가오는가?
'예수 그리스도' 혹은 '그리스도 예수'이기 때문이다.
사람이면서 메시아요, 메시아이면서 사람이기 때문이다.
전에도 성육신, 오늘도 성육신이기 때문이다.

눈에 보이지 않는다고
투명 인간처럼 대할 것인가?
주님이 "내가 언제나 너희와 함께 있을 것이다"라고 하셨을 때
알쏭달쏭 막연하고 숨결 없는 동행을 말씀하셨던가!
십자가 속죄를 부인한다면 얼마나 큰 죄악인가!
최후의 심판, 피할 길 없다.

마찬가지로 부활하신 주님을 외면한다면

얼마나 큰 죄악인가!

영적 불구를 면할 길이 없다.

부활을 거부하는 것이 십자가를 거부하는 것보다

조금이라도 덜 무거운 죄악인가?

그렇지 않다. 기억하라.

십자가는 부활을 위해서였던 것을!

그렇다면 오늘 어떻게 임마누엘 주님과

친구처럼 살 수 있나?

대화식 말씀기도는 바로 이 열망의 몸부림이다.

말씀기도는 부활의 생명을 주님과 함께 살아가는 연습이다.

추상이나 개념을 떠난 구체적인 연습이다.

오직 믿음으로 그분과 함께 걸어가는 걸음마다.

하나님과의
사랑의 간격

CHAPTER

3

1미터 안으로 다가서신 하나님

한 가지 물어볼게요. 하나님은 얼마나 당신 곁에 가까이 계시나요?
음… 전, 하나님을 사랑해요. 자주 그분을 생각해요.

그럼 하나님과 당신 사이의 거리는 얼마나 되나요? 50미터? 100미터?
한 번도 생각해본 적 없지만 아주 많이 사랑해요.

사랑하는 이들은 어떻게든 가까이 있고 싶어 하지요. 아직 생각해보지 않아
서 어렵겠지만 하나님을 사모하는 마음에 비추어봐요. 거리로 말한다면 얼마나
될까요?
한 200미터? 아니, 100미터?

다행이군요. 별로 멀지 않아서 언제든 큰 소리로 부를 수 있겠어요. 보고 싶으면 바로 달려가서 만날 수도 있고요. 한 가지 더 묻겠어요. 당신이 끔찍이 사랑하는 사람 혹은 한때 뜨겁게 사랑했던 사람을 두고 생각해봐요.

밤이면 잠 못 이룰 정도로 보고 싶던 사람이 갑자기 "말할 수 없는 사정이 생겼어. 우린 헤어져야 해. 연락하지 마" 하고 훌쩍 떠나면 어떨 것 같아요?

가슴이 찢어질 거예요. 생각만 해도 끔찍해요.

그럼 그와의 거리를 굳이 잰다면 얼마나 될까요? 내 가슴처럼 가까이 있는 것 같아요?

음… 그럴 수도 있고요.

좋아요. 그럼 당신과 하나님이 어떤 일로 인해 잠시 헤어질 수밖에 없다면 가슴이 찢기는 것 같을까요?

그렇게까지 생각해본 적이 한 번도 없어요.

당신과 하나님 사이의 거리가 1킬로미터, 10킬로미터, 때로는 100킬로미터까지 점점 멀어져 갈 때 그 거리감을 제대로 느낄 수 있을까요? 무엇보다 멀어지고 있다는 사실 자체를 알아챌 수나 있을까요?

이제 대화로 풀어가는 말씀기도를 그리스도인들에게 왜 강조하는지 이해가 되나요? 성경 전체를 따라가며 때때로 멈춰 서서 주님께 당신의 생각과 감정을 정직하게 나눌 때, 사랑과 진리의 말씀은 살아 움직이는 인격체로 다가올 거예요.

그러다가 하나님과의 간격이 어느 순간 사라져버리고 당신은 평범한 일상에서 하나님과 함께 걷는 것이 무엇인지, 부활의 삶을 이 땅에서 살아가는 게 무엇인지 체험할 거예요.

사랑하는 사람과의 간격

하나님을 모르는 세상, 혹은 하나님을 거부하는 사람들도 한결같이 애타게 갈망하는 한 가지가 있다. '사랑'이다. 수많은 시, 음악, 드라마, 예술이 사랑을 가장 아름다운 것으로 노래한다. 아래 짤막한 시조가 보여주는 그림, 소리, 마음을 가만히 살펴보자.

설월(雪月)이 만정(滿庭)한데 바람아 부지 마라
예리성(曳履聲) 아닌 줄은 판연히 알건마는
그립고 아쉬운 적이면 행여 긴가
－작자 미상

뜰에 쌓인 눈 위, 달빛 가득한 지금, 바람아 부지 마라
님이 끄시는 신발 소리 아님을 내 어찌 모를까!
하지만 그립고 아쉬운 이 밤, 행여 그이인가 하노라
－저자 역

이 시조에서 글쓴이와 '그이' 사이의 거리는 얼마나 될까? 툇마루라면 1-2미터 이내, 베갯머리라면 50센티미터 이내, 잠 못 이루며 그리워하는 마음이라면 0일 것 같다. 앞에서 사랑하는 이와 헤어지면 가슴이 찢어진다고 했다. 이때의 간격은 0으로 해석할 수 있다.

이 같은 시와 노래는 세상에 무수히 많다. 하나님을 향한 내 사랑이 세상 사람들보다 더 구체적인가 아니면 그에 훨씬 못 미치는가? 아니라면, 왜 그런가?

예레미야의 간격

예레미야애가(哀歌) 3장 22,23절(NKJV, NIV)에 주목할 만한 호칭의 변화가 발견된다.

하나님의 자비로 인해 우리가 진멸되지 아니하고
그의 긍휼하심은 그치지 않습니다.
이것이 아침마다 새로우니 당신의 신실하심은 참으로 큽니다.
애 3:22,23, 저자 역

Through the Lord's mercies we are not consumed,

Because His compassions fail not.

They are new every morning; Great is Your faithfulness.

하나님에 대한 호칭이 하나님→그분→당신(Lord→He→You)으로 점차 가까워진다. 친근한 호칭으로 옮겨가며 예레미야와 하나님 마음이 점점 더 가까워진다.

"하나님"이라는 이름을 들을 때 어떤 느낌이 드는가? 높고 거룩하고 영광스러운 하나님은 사랑이 끝이 없으시지만 어딘가 시선이 닿지 않는 먼 거리에 계신가? 예레미야는 자비로우신 하나님을 이를 때, "하나님"이라는 호칭을 사용했다.

그다음으로 긍휼하신 하나님을 이를 때, "그"라고 칭했다. 하나님보다는 훨씬 가까운 느낌이 든다. 한 번쯤 만난 사람, 들어서 아는 사람, 혹은 저기 보이는 저 사람을 이를 때 우리는 이 호칭을 쓴다. 사람의 몸을 입고 오신 예수 그리스도처럼 하나님은 평범한 우리 이웃이 되신다. 그러나 아직도 얼굴을 마주 보며 이야기할 만큼 가까운 곳에 있지 않다. 하나님은 우리가 사는 낮은 자리로 내려오시기에 "그" 혹은 "그분"이라고 불리신다.

마지막으로 신실하신 하나님을 두고 예레미야는 "당신"이라고 부른다. 영어의 'You'는 높임말로 '당신'이고, 낮춤말로 '너'이다. "당신"과 "나"는 서로 마주 보며 이야기할 수 있는 거리, 곧 1미터 이내로 가까워졌다. 여기서 예레미야는 하나님이 "신실"하시다고 고백한다.

이 단어는 어떤 환경, 도전, 어려움 가운데서도 변치 않는 순정, 정절, 헌신적 사랑을 뜻한다. 하나님은 높고 거룩한 자리에서 내려와 우리와 이야기 나눌 만큼 가까운 거리로 다가오신다.

사실 예레미야의 애가는 하나님을 떠난 백성이 끔찍하게 타락한 결과, 예루살렘 성벽이 산산이 무너지고 성전이 파괴되고 백성은 도륙(屠戮)되거나 포로로 끌려간 상황에서 쓰인 글이다. 바벨론 군대가 이스라엘 민족을 완전히 패배시킨 다음이다.

슬픔과 눈물의 선지자 예레미야는 폐허 더미에 서서 당신의 언약을 끝까지 지키시는 하나님을 기억하며 그분의 신실하심을 고백한다. 그러면서 엄혹한 징벌을 내리신 하나님과의 심정적 거리를 한 걸음 한 걸음 좁혀간다. 당신이라 부를 수 있고, 이야기를 나눌 수 있는 간격 안으로.

예레미야가 심판의 하나님을 친밀한 대상으로 이해하는 과정은 '하나님→그분→당신'이라는 호칭의 변화를 따라간다. 이 변화는 바로 앞장 '십자가에서 멈춘 구원, 시작도 못한 부활의 삶'에서 묵상한 이름, '그리스도 예수'를 이해하는 과정과 비슷하다.

고통받는 백성들이 한결같이 열망하는 메시아이자 최후의 심판주 곧 그리스도가 오늘 나와 이야기할 수 있는 거리인 1미터 이내로 다가오셨다. 그분이 바로 사람의 아들 예수요, 나와 대화하길 원하시는 분임을 이해하는 과정이다. 환난이든 평안이든, 기쁨이든 슬픔이든 우리와 친근히 이야기할 수 있는 거리로 들어오신 하나님을 오직 믿음으로 바라볼 수 있는가?

"당신"이라고 부를 수 있는 하나님과 나는 이제 무엇을 함께할 것인가? 내가 그분과 지난 25년간 지속한 대화식 말씀기도는 '하나님→그분→친구→사랑하는 이'로 옮겨가는 시간이었고, 점점 더 깊어가는 사랑을 실제적으로 나누는 채널이 되었다.

수가성 여인의 간격

말씀기도의 탁월한 예 중 하나는 요한복음 4장 1-42절에 나온다. 주님과 열두 제자가 남쪽 유대에서 북쪽 갈릴리로 올라가는 길에 혼혈족이 사는 사마리아를 통과하게 되었다. 제자들이 먹을 걸 사러 간 사이 주님은 피곤한 다리를 쉴 겸 우물가로 가신다. 그곳에서 때마침 한낮에 물을 길으러 나온 수가성 여인을 만난다.

마실 물을 청하신 주님은 그 여인과 동문서답식 대화를 나눈다. 여인은 자신의 무지와 오해를 거침없이 드러내면서 우왕좌왕 이야기를 이어간다. 그리고 주님의 말씀을 하나하나 들으며 자기와 대화하는 사람이 누구인지 점점 더 분명히 깨닫는다. 주님은 말씀하신다.

"네게 지금 말하고 있는 내가 바로 그니라"(요 4:26).

'이이가 모든 사람이 지금껏 기다려온 바로 그 메시아란 말인가?!'

사마리아 여인은 곧바로 물동이를 버려두고 마을로 달려간다. 그리고 한낮에 만난 놀라운 메시아를 동네방네 전한다. 그녀는 주님에 대한 눈이

뜨이자 '당신→선생님→예언자→구세주'(You→Sir→Prophet→Messia
h)로 점차 다르게 이해하게 된다(요 4:9,11,19,25).

여인은 자기에게 스스럼없이 물을 청하는 낯선 유대 남자를 처음에
는 '당신'(You)이라고 칭했다. 친근한 호칭이 아니라 가까이 있는 상대
방을 뜻했다. 물리적 거리는 가까우나 심정적 거리는 멀기만 한 낯선
사람일 뿐이다.

"네가 청하였다면 내가 생수를 주었을 것이다"(요 4:10)라고 주님이
말씀하시자 여인은 주를 "선생님"으로 부른다. 기대와 존경이 섞인 호
칭이다. 그러나 여전히 거리감이 있다.

"사실 너는 다섯 남편이 있었다. 그리고 지금 네가 함께 사는 남자
는 남편이 아니다. 너는 사실대로 말했다"(요 4:18)라고 주님이 말씀
하시자 여인은 주님을 "예언자"라고 부른다. 그러면서 대화는 점점 더
깊은 신앙 이야기, 곧 진정한 예배로 옮겨간다.

이윽고 주님이 자신이 곧 '메시아'라고 말씀하시자 여인은 곧바로
동네로 달려가 주저 없이 이웃들에게 전한다. 낯선 유대인을 만나 횡
설수설하던 한 여인이 온 세상을 구원하실 구세주를 깨달아가는 과정
이다. 주님을 부르는 호칭의 변화를 따라 새로운 깨달음이 하나씩 드
러난다.

이 이야기는 바로 그 이름, "예수 그리스도"[14]를 이해하는 과정이라

---

14 "예수 그리스도"와 "그리스도 예수"라는 이름의 해석은 앞장 참조.

할 수 있다. 오늘 평범한 내 일상, 뜨거운 한낮에 물을 길어야 하는 고달픈 내 삶에 낯선 유대인으로 나타난 그가 우릴 구원하실 메시아, 곧 그리스도이시다.

예레미야와 달리 바로 오늘 내 삶의 현장으로 찾아온 낯선 '당신'(You)이 무언가 도움이 될 듯한 선생님, 하나님의 뜻을 바르게 전할 예언자, 죄악의 사슬에 묶인 나를 구원할 메시아라는 인식의 변화가 일어나며 주님과 나 사이의 거리가 점점 좁혀진다.

어느 낯선 유대인 '당신'이 비천한 '나'에게 다정하게 물을 청하고, 뭔가 기대되는 '선생님'이 가까이 '나'와 함께 이야기하고, 놀라운 '예언자'가 황송하게도 '나'를 만나 가르치고, 온 세상을 구원하실 '메시아'가 비천한 '나'에게 친히 오셔서 "너에게 말하고 있는 내가 그다"라고 선포하신다.

여인의 마음은 점점 더 주님께 가까워지며, 메시아의 위엄을 고스란히 믿고 받아들인다. 사마리아 여인과 주님 사이의 거리는 얼마나 될까? 예레미야와 다름없을 것이다.

이같이 평범한 일상에 이웃처럼 다가와 이야기하시는 그분이 바로 메시아임을 깨닫는 은혜와 놀라운 만남을 우리도 똑같이 경험할 수 있다. 그러면 수가성 여인처럼 한 치의 부끄럼 없이 이웃에게 달려가 하늘과 땅을 지으신 분, 새 하늘과 새 땅을 여실 분을 기뻐하며 증거할 것이다.

우리의 간격

예레미야는 '그리스도 예수'를 만났고, 수가성 여인은 '예수 그리스도'를 만났다. 예레미야는 심판주 하나님이 오늘 내 일상으로 오실 예수님임을 기억했다. 반면에 수가성 여인은 오늘 자신의 삶에 가까이 다가온 누군가가 구원자 하나님임을 깨달았다. 둘 다 사람의 몸을 입고 오신 성육신 하나님께 무척 가까이 다가갔다.

오늘 여기서 당신이 부활의 삶을 살아가지 못하는 이유가 혹시 주님과의 심정적 간격이 1미터 이내로 좁혀지지 않아서가 아닌가 생각해보라. 창조주 하나님과 함께 먹고 마시고 일하는 성화의 삶이 시작되지 않는 이유가 그분과의 거리가 너무 멀어서가 아닌가? 짝사랑으로 인해 심한 아픔과 환난을 겪으신 하나님은 심장보다 가까이 우리 곁에 계시길 원하셨고, 또한 이미 와 계신다.

나 외엔 누구에게도 네 마음 열지 마라.
나 외에 어떤 이도 네 품에 품지 마라.
사랑은 죽음보다 강하고 열정은 죽기까지 세차구나.
한순간 갑자기 터진 불꽃, 온 누리를 삼키듯. 아 8:6, 저자 역

Close your heart to every love but mine;
hold no one in your arms but me.

Love is as powerful as death;

passion is as strong as death itself.

It bursts into flame and burns like a raging fire.

Song of Songs 8:6

NKJV와 개역개정에서 열정(Passion)은 질투(Jealousy)로 번역되었다. 질투의 불길은 온 들판을 불태워버리는 것과 같이 맹렬하다. 내 사랑을 빼앗아간 사람을 죽여버리거나 차라리 내가 죽고 싶다.

이 마음이 "열정은 죽기까지 세차구나"(Passion is as strong as death itself)라는 말에 고스란히 담겼다. 뼈아픈 질투심에 사로잡혀본 이는 이 느낌이 무엇인지 안다.

그런데 너무나 아름답고 선하신 하나님의 사랑을 무언가로 인해 빼앗길 때, 비천한 우리가 마땅히 느껴야 할 강렬한 고통은 성경에서 거의 찾아볼 수 없다. 우리가 우상에게 한눈팔 때 오히려 존귀하신 하나님이 불같이 질투하신다. 하나님은 십계명에서 분명히 말씀하셨다.

그것들에게 절하지 말며 그것들을 섬기지 말라

나 여호와 너의 하나님은 질투하는 하나님인즉 신 5:9

사람 사이의 사랑과 하나님과의 사랑은 왜 이토록 거꾸로인가? 비천한 내가 주제 파악을 못하고 되레 한눈팔기 바쁘다. 하나님이 떠나

시든 말든 참으로 무심하다. 그런데 존귀하신 하나님은 행여 내가 날 아갈까, 꺼질까 염려하신다. 당신의 질투로 심히 아파하신다.

> 내 백성이 결심하고 내게서 물러가나니
> 비록 저희를 불러 위에 계신 자에게로 돌아오라 할찌라도
> 일어나는 자가 하나도 없도다
> 에브라임이여 내가 어찌 너를 놓겠느냐
> 이스라엘이여 내가 어찌 너를 버리겠느냐…
> 내 마음이 내 속에서 돌아서
> 나의 긍휼이 온전히 불붙듯 하도다
> 내가 나의 맹렬한 진노를 발하지 아니하며
> 내가 다시는 에브라임을 멸하지 아니하리니
> 이는 내가 사람이 아니요 하나님임이라
> 나는 네 가운데 거하는 거룩한 자니
> 진노함으로 네게 임하지 아니하리라 호 11:7-9

사랑하는 이를 뺏긴 불같은 고통을 겪으시는 하나님, 그러나 그보다 더한 불길이 이를 삼킨다. 긍휼의 불길이다. 사랑은 사랑을 이길 수 없고, 하나님은 하나님 당신을 이길 수 없으시다. 그분의 긍휼이 질투를 이긴다. 자식을 진정 사랑하는 부모라면 조금이라도 이해할 수 있다.

주께서 나에게 또 말씀하셨다. "너는 다시 가서,

다른 남자의 사랑을 받고 음녀가 된 그 여인을 사랑하여라.

이스라엘 자손이 다른 신들에게로 돌아가서

건포도를 넣은 빵을 좋아하더라도,

나 주가 그들을 사랑하는 것처럼 너도 그 여인을 사랑하여라!" 호 3:1

호세아는 바람이 나서 다른 남자를 따라갔다가 버림받아 노예시장에 팔린 아내를 돈과 곡식으로 다시 사들인다. 하나님 말씀에 순종했다. 바로 그 하나님이 지금까지 나를 짝사랑하신다. 그 하나님은 내게 얼마나 가까이 다가와 계신가? 1미터, 1센티미터? 아니면 심장보다 더 가까이? 스스로 답을 찾기 바란다.

이렇게 가까이 계신 하나님을 마음에서 100미터, 혹은 100킬로미터 밖으로 밀어내지 마라. 다윗의 아래 노래가 각자의 고백이 되기를 바란다.

내가 나의 침상에서 당신을 기억합니다.

온 밤이 지새도록 당신을 사모하며 생각합니다.

주는 나의 도움이 되심이라.

내가 주의 날개 그늘에서 즐거이 부르리이다.

내 영혼이 주께 매달리오니, 주의 오른손이 나를 붙드시나이다.

시 63:6-8, 저자 역

On my bed I remember you;

I think of you through the watches of the night.

Because you are my help,

I sing in the shadow of your wings.

My soul clings to you; your right hand upholds me.

Psalms 63:6-8

대화식 말씀기도 사례 5

저희 마음에 내 법을 기록하리라(2018년 10월)

(말씀기도 중, 은혜롭게 주어진 하나님 약속을 도무지 믿기 어려웠을 때)

또 주께서 가라사대

그날 후에 내가 이스라엘 집으로 세울 언약이 이것이니

내 법을 저희 생각에 두고 저희 마음에 이것을 기록하리라

나는 저희에게 하나님이 되고 저희는 내게 백성이 되리라 히 8:10

I (나): 하나님, 새 언약이 이뤄질 그날은 언제인가요?

H (하나님): 내 아들 예수가 사흘 만에 무덤에서 일어났던 날이다.

🅘 그럼, 새 언약이 약속대로 이뤄진 건가요?

🅗 그렇다. 약속대로 그 일을 이미 마쳤다.

🅘 하나님의 법을 이미 제 생각에 두셨고, 그걸 제 마음에 새기셨다고요?

🅗 그렇다!

🅘 말도 안 돼! 이 약속을 믿으라고요?

🅗 믿지 않으면?

🅘 아니, 절 좀 제대로 보세요. 하루에도 수십 번씩 하나님을 떠나 그 법을 계속 깨뜨리고 있어요. 제 마음과 가슴에 새겨져 있다면 어떻게 이 럴 수 있나요? 전 이 약속이 이미 이뤄졌다고 믿지 못합니다. 아직까지 약속으로만 남아있어요. 약속이 이뤄지지 않았다고요!

🅗 내 곁에, 그리고 너희 곁에 있는 예수를 다시 그 땅으로 내려보내 랴? 다시 십자가에 들어 올리랴?

🅘 아니, 그런 게 아니라….

🅗 그러면 내가 무얼 더 해야 하지?

🅘 제 생각과 마음에 하나님의 뜻을 새겨달라는 거지요.

🅗 이미 깨끗이 마쳤고 돌이킬 수도 없는 일을 또다시 하라니!

🅘 하나님은 제 하나님이 되셨는지 모르지만, 저는 아직 당신의 백성 이 되었다고 감히 말 못합니다.

Ⓗ 어째서?

Ⓘ 잘 아시잖아요. 제가 어디 한구석 깨끗한가요, 아니면 최소한의 순종이라도 제대로 하나요? 너무 더럽고 지저분한 생각과 말과 행동이 여기저기에서 보이지 않으세요?

Ⓗ 그래서?

Ⓘ 그러니까 저는 아직 하나님 백성, 아니 하나님의 자녀가 아니라는 겁니다. 그런데 어떻게 제가 그렇다고 하십니까?

Ⓗ 구름이 잠시 가린다고 해서 해와 달이 하늘에서 없어지기라도 한 게냐?

Ⓘ 아니지요.

Ⓗ 이 땅에서 힘깨나 쓰는 악의 세력이 연약한 널 이리저리 휘두른다고 해서 십자가와 부활로 이미 끝난 완벽한 구원이 조금이라도 흔들리거나 뒤집히기라도 할 것 같으냐?

Ⓘ 그건 아닙니다.

Ⓗ 네가 하늘의 현실과 땅의 현실, 곧 진리의 현실과 사실의 현실 사이에 끼어있다는 걸 제대로 이해한다면 이미 마친 일에 추호의 의심도 없을 것이다. 내가 이미 하늘 보좌 우편에 너를 그리스도와 함께 앉혀놓았다(엡 2:6). 하늘의 현실이다. 그러나 너는 이 땅에서 늘 내 뜻대로 살

지는 못한다(롬 7:15-24). 땅의 현실이다.

하나는 영원한 현실이고 다른 하나는 지나갈 현실이다. 영원한 현실은 내가 이미 약속하였고 완벽하게 마친 하늘의 현실이다. 그러나 이 땅에서는 아직 내 언약의 일부만이 너희 안에 실현되고 있다. 곧 네가 내 뜻에 순종할 때만 전부가 가능하다. 그러나 어느 누가 이 땅에서 변함없이 내 뜻대로 살아갈 수 있을까?

바울이 실토한 갈등을 자세히 살펴보아라. 그가 말했듯 복음이 들어온 후 천만다행한 일 한 가지가 있다. 완벽한 구원은 두 현실 사이에서 고통받는 자녀에게 늘 완벽한 화해 장소를 열어놓고 있다. 그 장소는 예수의 피를 힘입어 어느 때든 담대히 들어갈 수 있는 지성소다. 너와 내가 직접 만나는 장소다. 네가 어떤 죄악에 빠졌어도, 어떤 허물을 입었어도, 하늘의 성소 곧 네 마음 안에 있는 지성소에서 너는 나를 만날 수 있다.

네 죄성과 연약함을 내 사랑과 진리로 돌보는 현실을 거기서 체험할 것이다. 너도 알다시피 너와 나의 만남에서 회개, 용서, 감사, 평안, 기쁨을 자주 경험하고 있지 않느냐? 바로 이것이 네 생각과 마음에 나의 법이 새겨져 있다는 증거다. 네가 내 자녀라는 증거다.

🅘 그런가요?

🅗 다시 말한다. 이 땅의 허다한 사실들이라는 구름이 내가 이미 이룬 새 언약인 은혜와 진리라는 해와 달을 어지럽게 가릴지라도 완벽히 실현된 언약이 뒤집히거나 사라진 게 아니다. 잠시 보이지 않을 뿐이다.

그러니 그리스도가 다시 이 땅에 내려와 악의 세력을 완전히 심판하고, 너 또한 온전한 사람으로 변화되는 그날까지 네가 주목해야 할 게 무엇인지 알겠느냐?

🅘 알겠습니다. 하나님께서 완벽하게 마치신 새 언약, 그리고 하늘과 제 마음 안에 있는 참 성소를 계속 바라보겠습니다.

🅗 새 언약을 끊임없이 가리는 구름은 어떻게 할 거냐?

🅘 제가 치러야 할 영적 싸움이겠지요. 그래도 승리가 보장되었으니 담대히 나아가겠습니다. 아무리 험악한 상황에 처해도 하나님의 은혜와 진리를 믿음, 소망, 사랑으로 붙들겠습니다.

🅗 그래, 바로 그거다. 내가 이미 이 땅에 이룬 새 언약을 믿을 수 있겠느냐?

🅘 이제 당당히 말할 수 있습니다. 하나님은 제 하나님이시고 저는 당신의 자녀임을요! 자세히 일러주셔서 고맙고 또 고맙습니다. 예수님 이름으로 기도드립니다. 아멘.

대화식 말씀기도 사례 6

이 고난의 잔을 내게서 거두소서(2015년 9월)

(예수님이 땀방울이 핏방울이 되기까지 기도하셨던 이유를 좀 더 자세하고 깊게 알고 싶었을 때)

이르시되 아버지여 만일 아버지의 뜻이거든
이 잔을 내게서 옮기시옵소서 그러나 내 원대로 마시옵고
아버지의 원대로 되기를 원하나이다 하시니
천사가 하늘로부터 예수께 나타나 힘을 더하더라
예수께서 힘쓰고 애써 더욱 간절히 기도하시니
땀이 땅에 떨어지는 핏방울같이 되더라 눅 22:42-44

"Father, if you are willing,
please take this cup of suffering away from me.
Yet I want your will to be done, not mine."
Then an angel from heaven appeared and strengthened him.
He prayed more fervently,
and he was in such agony of spirit
that his sweat fell to the ground like great drops of blood.

Luke 22:42-44

Ⓘ 주님, 주님 뜻과 아버지 하나님의 뜻이 충돌한 적이 그때뿐입니까?

Ⓙ 그때뿐이라면 진정 내가 너희와 같은 성정(性情)을 가진 사람의 아들(Son of Man)이라 할 수 있을까? 성육신은 지금 너와 같은 성정을 가진 사람이 되어 아래로 내려온 게 아니겠느냐?

Ⓘ 그렇다면 어떻게 자주 아바 하나님 뜻과 반대로 가는 저희 같은 마음을 굽힐 수 있었나요? 사실 주님은 늘 아버지 뜻에 따라 순종하며 살아가지 않으셨나요?

Ⓙ 실은 그렇지 않다. 이 동산에서 기도할 때 내가 제자들에게 무엇을 청했지?

Ⓘ 그들이 유혹에 넘어가지 않게 기도하라고 일렀어요(눅 22:40).

Ⓙ 그렇다. 이 말은 내 체험에서 나온 거야. 매일 새벽 제자들과 무리를 떠나 기도한 것도 그 때문이지. 아버지를 만나 감사와 기쁨과 사랑을 나눌 뿐만 아니라 당신 뜻을 거스르는 내 뜻, 곧 연약한 한 사람의 인간적 뜻을 다스리기 위해 기도했단다. 아버지 뜻에 내 뜻을 맞추어가는 씨름이었지.

Ⓘ 그렇군요. 결국엔 주님 마음도 죄 많은 저희와 다름없이 수많은 긴장과 갈등을 겪으셨군요.

Ⓙ 그렇다. 약하고 깨어지기 쉬운 너희 모습을 그대로 안고 왔기 때문

이야.

Ⓘ 그렇군요. 창조의 하나님께서 천사의 도움을 받아야 할 만큼 주님
은 진정 사람의 아들, 저와 다름없는 참 사람이셨군요. 저는 이제껏 땀
방울이 핏방울이 될 정도로 목숨 걸고 기도해본 적 없어요.

그러나 사람의 몸과 마음을 입고 오셔서 저처럼 깨어지기 쉬웠던 주님
이 오직 하나님을 바라보며 끝까지 순종하셨으니 저도 포기하지 않겠
습니다. 주님께서 연약한 가운데서도 십자가를 지셨으니 제게도 소망
이 보입니다. 이를 보여주고 가르쳐주셔서 고맙습니다. 사랑합니다.
예수님 이름으로 기도드립니다. 아멘.

대화식 말씀기도 요약6

두 눈 부릅뜨고 하나님을 바라보라(2014년 9월)

땅은 아직 모양을 갖추지 않고
아무것도 생기지 않았는데,
어둠이 깊은 물 위에 뒤덮여있었고
그 물 위에 하느님의 기운이 휘돌고 있었다. 창 1:12

하나님을 만나려고 눈을 감지 말라. 어지러운 혼돈 속에서도 두 눈을

부릅뜨라. 그리고 실재하시는 그분을 바라보라. 기도할 때 대부분 눈을 감는다. 이 세상과 주위가 심란하기에 잠시 눈을 감고 싶을 것이다. 그러나 믿음의 성도는 평범한 일상 중에 그와 함께 계신 하나님을 주목하고 그 얼굴을 바라본다. 눈앞에 보이는 사물, 경치, 사람, 일터 등 일상의 현장에서, 어지러운 혼돈 가운데서도 두 눈 뜨고 실재하시는 하나님을 바라보라. 어둠과 혼돈에 찬 삶의 현장으로 들어와 참되고 선하고 아름다운 질서를 창조하시는 하나님이 지금 나와 함께 계시기 때문이다.

대화식 말씀기도 요약7

영광스러운 하나님의 임재를 청하기까지(2015년 3월)

사람이 자기의 친구와 이야기함같이
여호와께서는 모세와 대면하여 말씀하시며…
모세가 이르되 원하건대 주의 영광을 내게 보이소서
여호와께서 이르시되 내가 내 모든 선한 것을
네 앞으로 지나가게 하고
여호와의 이름을 네 앞에 선포하리라 출 33:11,18,19

여기서 말씀기도의 성숙함이 보이는가? 모세가 처음 하나님을 만났을 때 빗나간 대화가 계속되었지만(출 3:4-4:14), 세월이 지나면서 얼굴과 얼굴을 마주한 친구처럼 이야기하게 되었다. 종국에 이르러는 최상의 대화, 곧 하나님의 영광스러운 임재를 바라보게 해달라고 청한다.

아름다운 창조계를 주목하는 것에서부터 시작하여 하나님의 임재와 얼굴을 바라보기까지 그분은 우리를 한 걸음씩 당신께로 가까이 이끌어 가신다.

만남의 장막에서 얼굴을 마주하고 모세와 친구처럼 이야기하신 하나님이 지금 나와도 그렇게 말씀하신다. 예수 그리스도의 피가 성소 휘장을 찢었으므로, 믿음으로 성소로 들어가 그분과 친구가 될 수 있다. 왕의 지성소에 들어가 그분의 영광을 입어 영화롭게 변한 후, 땅과 하늘에 펼쳐진 창조세계를 바라보라. 창조계는 오늘도 지고하신 하나님의 선하심과 그 이름과 진선미를 생생히 보여준다.

대화식 말씀기도를 통해
인격적 하나님과 가까워지는 것 외에
정체성 혼란이나 정서적 고통은
어떻게 치유될까?

우울, 정신분열, 중독 등
현대인의 다양한 정서적 고통이
대화식 말씀기도로
어떻게 회복되었는지
임상적 사례를 살펴본다.

PART **5**

대화식 말씀기도를 통한
치유와 회복

지금 여기 넘치는
생명 샘

CHAPTER

1

기쁨의 샘, 성경적 집단상담

봄가을에 열리는 '기쁨의 샘'(SOJOY=Spring of Joy)은 성경적 집단상담(Biblical Group Counseling) 프로그램이다. 평범한 일상에서 하나님과의 친밀함을 찾고자 하는 이들과 정서적 어려움을 극복하려는 이들이 한데 섞여 동일한 교재와 훈련서로 교육을 받는다. 두 부류의 참여 비율은 평균 3 대 1 정도이다.

이를 통해 건강한 이들은 건조한 율법적 신앙을 벗어나 부활의 생명을 누리게 되었고, 고통에 시달리던 이들은 참 평안과 기쁨을 통한 치유와 회복을 스스로 찾아 나갔다(사역지는 서빙고 온누리교회, 인천 마음돌봄 폐쇄병동, 총신대 성경적 상담대학원, 일산병원 의료진, 삼성병원 호스피스 팀, 태백 신경정신과, 서울 산마루교회 등이었다).

기쁨의 샘 교재 중 하나인 〈사자(獅子) 수레바퀴〉에는 대화식 말씀기도를 정리한 묵상 내용이 들어있다(1년 반 동안 모인 내용으로 한정했다). 그러나 전 성경 말씀기도 중에 받은 주요 메시지는 아직 제대로 정리하지 못했다. 핵심 단어나 한두 줄의 간단한 요약문을 묵상일지나 휴대폰에 기록해둔 것만 남았다. 그만큼 은혜로운 가르침, 넘치는 사랑, 순종의 기쁨이 마르지 않는 샘물처럼 넘쳤다.

하나님과의 은밀한 만남과 기쁨도 차츰 실재처럼 느껴졌다. 평범한 일상에서 하나님과 친구처럼 먹고 마시고 이야기하고 상의하고 일하고 즐기는 습관이 더 자연스러워졌다. 더 이상 놀라운 체험이나 현란한 계시에 목마르지 않았다. 평범한 일상이 더 이상 평범하지 않았기 때문이다. 오늘 내 일상에 비범한 하나님이 곁에 계시기에 그분과 함께 이야기하고 일하고 사랑을 나누는 일이 어떤 것보다 더 큰 기쁨과 기적이었다.

단기 치유와 장기 회복

단기 치유와 장기 회복에 대해서는 《아바의 팔베개》 중에서 관련된 내용을 발췌, 정리해보았다.

우리는 뭐든지 '빨리, 빨리'를 요구합니다. 병원 의사에게도 빨리 자기 병을 고쳐주기를 바라고, 초대형 사업도 빨리 마치기를 원합니다. 하물며 마음과 몸에 참기 어려운 아픔을 겪는 이들이야 오죽하겠습니까?

(중략)

자비롭고 전능하신 하나님은 이런 요구를 들어주실 수 있습니다. 고쳐 주시는 사례도 많습니다. 자비로우신 하나님이시기에…. 그러나 우리가 원하는 때에 고쳐지지 않은 예 또한 적지 않습니다. 어려운 문제입니다. '왜 이런 일이 일어날까' 한참 동안 물었습니다. 거기서 얻은 결론입니다.

결국 우리는 성품이야 어찌 됐든 치유를 더 중요시하고 하나님은 당장의 치유보다도 성품의 변화를 더 중요시하신다는 것입니다. 예수님이 열 명의 문둥병자를 고치셨을 때 단 한 사람, 그것도 이방인이 가던 길을 돌이켜 예수께 엎드려 고맙다고 말씀드렸습니다.

'누가 진정 안팎이 회복된 사람인가? 참된 기쁨을 누리는 길로 누가 들어섰는가? 누가 과연 하늘나라에서 하나님과 참된 사랑을 나눌 수 있는가?'

회복사역을 섬기며 깊이 생각하지 않을 수 없었습니다. 이 사역으로 모여드는 이들은 대부분 오랜 세월 고통받아 왔기 때문입니다. 그래서 생각했습니다.

'이들은 무엇을 바라며, 이들을 섬기는 이는 무엇을 기대할까? 주님이 말씀하신 참 사랑과 자유를 향해 날개를 활짝 펴고 높이 날아오르는 것이 회복이 아닐까?'

(중략)

온전한 회복은 어떤 특별한 영적 처방전(?)으로 결코 이룰 수 없습니다. 철저히 부서진 나, 바닥까지 내려간 내가 캄캄한 실존적 모습에 절망하여 자비로운 하나님께 도와달라고 부르짖으며 팔을 한껏 내뻗고, 거듭 자신의 무력함을 인정하고, 지금 여기서 매 순간 하나님 뜻에 삶을 맡기는 것입니다.

몸을 입고 사는 동안에는 안심할 수 있는 성숙 단계가 없는 것 같습니다. 한순간 잘못된 선택으로 순식간에 나락으로 떨어질 수 있습니다. 우리는 그때마다 하나님의 자비와 도움을 믿음으로 청해야 하는 불쌍한 존재입니다. 어쩌면 흔들리지 않는 성숙은 불가능으로 보입니다. 오히려 순간의 선택이 실존적 우리 모습에서 취할 수 있는 실제적 행동입니다.

아래의 간단한 요약과 대비를 통해 우리가 거치는 회복의 단계를 살펴볼 수 있습니다. 하나님은 단기 치유와 장기 회복을 함께 이끌며 우리를 당신 품으로 이끄십니다.

단기 치유 회복	장기 회복사역
단기적(우리 요구와 맞음)	장기적(우리의 믿음과 인내를 요구함)
링거 주사(투약)	뼈대와 근육 강화(면역성 강화)
혼수상태 → 평균적 건강	평균적 건강 → 하나님이 지으신 모습으로
일시적 완화	성품 변화
격리된 장소에서	평범한 일상에서
흥분된(커피)	평범한(숭늉)
성령세례	성령 충만과 열매
하나님을 만남(하나님과의 동행 준비)	하나님과 산책
하나님 은혜 받기	하나님 사랑에 반응하기
살아계신 하나님 경험	경험한 하나님과 함께 살아감
아름답고 고유한 곳에서 하나님을 만남	일상의 장소에서 하나님을 만남
유격훈련	최전방 방어와 실전
과거의 치유	삶의 변화(현재와 미래)
10명의 문둥병자 중 1명만이 감사	이제는 눈으로 주를 뵈옵나이다(욥 42:5)

〈단기 치유 회복과 장기 회복사역〉

(중략)

육신을 입은 내 한계를 인정하고 내가 해야 할 일과 하나님이 하실 일을 겸손하게 분별해야 합니다. 그래야 원수들이 벌떼처럼 에워싸고 있는 이 복잡하고 풀기 어려운 삶을 살면서도 여전히 지금 여기서 축배의 잔을 주님과 함께 높이 들 수 있습니다.

> 주께서 내 원수의 목전에서 내게 상을 베푸시고
> 기름으로 내 머리에 바르셨으니
> 내 잔이 넘치나이다 시 23:5

한계를 인정하고 완전함에 이르려는 스스로의 노력을 내려놓고 하나님이 허락하신 단 잔과 쓴 잔을 순순히 받아 마시며, 그분이 순간순간 채워주시는 평안과 기쁨과 사랑의 잔을 이웃과 함께 감사와 기쁨으로 높이 드는 것이 참 회복이 아닐까요?

> 그렇게 놀라운(삼층 하늘로 올라가 받은) 계시를
> 하나님으로부터 받았지만 세 번이나 하나님께
> 내 육체의 가시를 없애달라고 간구했습니다.
> 그러나 매번 하나님은 말씀했습니다.
> "네게 오직 필요한 건 (환난 때에 부어주는) 나의 은혜다.
> 네 연약함 가운데서 내 강함이 드러난다." 고후 12:7-9

Even though I have received

such wonderful revelations from God.

…Three different times

I begged the Lord to take it(thorn in the flesh) away.

Each time he said, "My grace is all you need.

My power works best in weakness." 2 Corinthians 12:7–9

변화
체험기

CHAPTER

2

기쁨의 샘 사역 초창기(2004년)에는 주로 우울, 중독, 공황장애, 조현병으로 고통받던 형제자매들이 참여했다. 여기서 그들은 심리학적 진단과 처방을 넘어 일상 중에 하나님과의 깊은 교제를 연습했다. 또한 샘솟는 사랑, 기쁨, 평안이 안정된 치유와 회복을 보장한다는 믿음을 15년 동안 붙들었다.

변화 체험기 원본에는 주로 기쁨의 샘이 강조하는 세 가지 반복훈련이 들어있다.

1. 자의식을 떠나 주의식으로 이동
2. 일반 기도를 떠나 대화식 말씀기도로 이동
3. 인지 행동치료를 떠나 성경적 상황반응으로 이동

그리고 전 성경에 담긴 창조, 타락, 구원, 성화를 따라 재조명한 십자가와 부활, 성화의 과정, 하나님의 진선미를 담았다. 그분이 오늘 여기 우리와 나누고 싶어 하는 원초적 사랑과 기쁨을 되짚는 과정에서 체험한 개인적 은혜와 변화를 기록했다. 여기서는 변화 체험기 중 말씀기도에 관련된 일부만 발췌했다(나눔을 허락한 이들의 이름은 익명, 시기는 기쁨의 샘 참여 학기이다).

영혼의 수술대에서 되찾은 사랑과 기쁨

'기쁨의 샘'은 공동체 세미나에서 한 자매님이 추천해주셔서 나오게 되었습니다. 2016년 봄 학기에 잠시 참여하다가 입원하는 바람에 도중하차하여 안타까워하던 중, 가을 학기에 다시 들어오게 되었습니다. 매주 숙제가 버거웠지만 그동안 경험한 치료 방법과는 많이 달랐습니다.

이전 방법이 환부에 약을 발라주거나 반창고를 붙여서 보호하는 단계였다면, 이곳에서는 상처를 칼로 도려내고 소독약을 바르고 약을 처방해주는 영적 수술요법 같았습니다. 그 수술은 '하나님 말씀'이라는 메스로 진행되었습니다. 깊이 있게 하지는 못했지만 매일 단체대화방에 올라오는 회복의 말씀을 노트에 적어서 묵상, 대화식 말씀기도, 주의식을 연습했습니다.

그러자 보이지 않게 많은 힘이 생기는 것 같았습니다. 곪은 곳은 칼로 도려내고 부러진 부위는 부목을 덧댄 치료를 받는 듯했습니다. 무언가 약속의 증서를 받고 나아가는 느낌이었습니다. 예전에 제 딴에는 치료 방법을 모색한다며 심리치료서, 자기계발서, 성경 주석, 설교문 등을 손에 잡히는 대로 열심히 읽었습니다.

자존감이 낮다고 해서 자존감을 높여주는 책도 읽었고, 성경과 기도도 원활하진 못했지만 낫기 위해 관련 책을 필사적으로 읽었습니다.

그러나 지금 연습하는 대화식 말씀기도와는 왠지 달랐습니다.

예전에도 말씀묵상을 통해 하나님 음성 듣기를 연습하며 주님의 뜻을 알고자 애썼지만 하나님께 가까이 가는 게 힘에 부쳤습니다. 그러나 여기서 연습하는 대화식 말씀기도는 말씀이라는 레일을 따라 친구와 여행하듯 믿음으로 주님과 이야기하는 것이었습니다.

기쁨의 샘을 통해서 새로 알게 된 사실은, 주님에 대한 나의 친밀감이 어디까지인지 모를 정도로 깊어질 수 있다는 것입니다. 아빠에게 팔베개를 해서 재워달라고 보채는 어린아이의 바람처럼요. 거룩하고 존귀한 성부 하나님은 저 높이 계시고, 무겁고 딱딱한 절대자의 위엄 때문에 가까이 가기 어렵다고 지금껏 생각했는데, 아니었습니다.

죽은 자와 다름없는 내 목숨을 주님의 것과 맞바꾸셨던 아버지를 새롭게 만났습니다. 내가 예수님 손을 잡은 게 아니라 처음부터 내 손을 꼭 잡고 여기까지 함께 걸어오신 걸 알게 되었습니다.

  -이지연, 2016년 가을 학기

이 자매는 중학생 때 처음 우울증 진단을 받았다. 30여 년에 걸쳐 항우울제를 복용하며 정신신경과 상담을 받았으나 상태가 점점 더 나빠져 대학 시절에는 조현병으로 입원했다. 여러 병원을 옮겨 다니면서 투약, 상담, 치료를 받으며 입퇴원을 반복해왔다.

우울증 친구를 돕다 겪은 우울과 극복

(중략) 두 번째 상담 때는 '내 우울증이 어떻게 시작되었나요? 마음과 몸의 변화에 대해 알게 해주세요'라고 하나님께 기도해보라는 권유를 받았습니다.

그러면서 디모데후서 1장 7절, "하나님이 우리에게 주신 것은 두려워하는 마음이 아니요 오직 능력과 사랑과 근신하는 마음이니"라는 말씀으로 매일 주님과 솔직하게 이야기해보라는 숙제를 받았어요. 이를 통해 하나님께서 내게 추가적으로 주시는 말씀도 들어보라고 했습니다. 이 말씀을 붙잡는 동안 죽고 싶고, 낫는 것이 두려웠던 내 생각이 조금씩 바뀌었습니다.

'회복되어 봐야 또 무너질 텐데 무슨 소용이 있을까?'

이런 생각이 들 때마다 말씀묵상만 했습니다.

'하나님께서 주시는 영은 두려움의 영이 아니라 능력과 사랑과 절제의 영이다.'

기억력이 떨어질 대로 떨어졌지만 말씀이 짧고 간단해 암기할 수 있어서 성경책을 매번 펼쳐 보지 않아도 되었지요. 그렇게 부정적인 생각들의 공격에 어느 정도 맞설 수 있었습니다. 하지만 여전히 다른 부분들에 있어서 하나님은 내 비참한 모습과는 전혀 상관없는 존재였어요. 게다가 어떤 사람들은 상담을 한 번만 받고도 치유되었다는 말을 듣고 스트레스가 더 심해졌습니다.

2012년 9월 7일 세 번째 시간, 신명기 32장 10절, "여호와께서 그를 황무지에서, 짐승의 부르짖는 광야에서 만나시고 호위하시며 보호하시며 자기 눈동자같이 지키셨도다"라는 말씀을 묵상했습니다. 하나님께 '이것이 내게도 해당되는 말씀인지 전혀 모르겠어요'라고 말씀드렸습니다. 묵상하는 내내 그저 야곱이 부러울 뿐이었습니다.

그날 팀장님이 상담을 마무리하는 내게 기도를 부탁했습니다. 부담이 됐습니다. 혼자서도 기도가 안 나오는데 누군가 앞에 있는 상황에서 기도가 나올 리 만무했습니다. 가만히 눈만 감고 있었습니다. 그때 갑자기 팀장님이 내 두 손을 꼭 잡아주셨습니다. 혼자 기도하기가 너무 힘든 것을 아니까 함께 기도하자는 강한 표현이었는지 모르겠습니다.

그러고 얼마 지나지 않았는데 갑자기 신명기 32장 10절 말씀이 내 마음 깊은 곳까지 치고 들어왔습니다. 태어나서 처음 느껴보는 것이라 어떻게 표현해야 할지 잘 모르겠으나 그동안의 처참했던 시간들이 주마등처럼 지나가며 갑자기 눈물이 왈칵 쏟아졌지요.

우울증을 앓으며 혼자서는 많이 울어봤으나 누구 앞에서 울어보기는 처음이라 굉장히 당황스러웠지만 감정을 주체할 수가 없었습니다. 열리지 않았던 입이 열리며 난생 처음 하나님 앞에 솔직한 고백을 했습니다.

"하나님, 너무나 오랫동안 혼자였습니다."

이후의 기도 내용은 전혀 기억이 나지 않습니다. 다만 "광야와 같이 황무하고 짐승이 부르짖는 곳"이라던 말씀이 그동안 우울증을 앓으며 고통받았던 시간임이 조금 믿어졌습니다. 그리고 단 한 번도 나를 놓지 않으시고 눈동자처럼 지켜주신 하나님이 지난 아픔들 가운데서 보였습니다. 그제야 이 말씀이 내게도 해당함을 알게 됐습니다. 참 신기했어요. 혼자서 그토록 믿어보려고 할 때는 되지 않았으니 말입니다.

(중략) 우울증을 앓은 지 6년이 됐습니다. 기쁨의 샘 그룹과 일대일 상담과 《아바의 팔베개》를 통해 우울로부터 완전히 회복되었다기보다는, 그동안 잘못 알고 있던 나 자신과 하나님에 대한 오해가 조금 풀렸다고 말하는 게 옳다는 생각이 듭니다. 그리고 하나님께서 나를 얼마나 사랑하시는지 그 사랑의 크기를 조금이나마 가늠할 수 있게 되었습니다.

-박명학, 2014년 봄 학기

이 형제는 심각한 자살충동에 빠진 친구를 수년 동안 돕다가 자신도 깊은 우울증에 걸려 6년 동안 시달렸다. 기쁨의 샘 모임에서는 별로 말이 없었고 자신의 생각과 느낌을 거의 나누지 않았기에 치유가 일어나고 있는지도 전혀 몰랐다. 학기가 끝나고 몇 달 후, 놀랍게도 A4 용지 14쪽에 달하는 글을 보내왔다. 지금은 건강하게 회복되어 학업에 열중하고 있다.

주의식과 말씀기도 훈련으로 회복된 삶

(중략) 불면증이 해결되고 기쁨의 샘이 막바지를 향하던 11월 하순경, 나는 또다시 자신을 정죄하는 내면의 비난, 지적, 저주의 학대에 끝없이 시달렸습니다. 머리가 터질 듯 아파서 바로 옆에 계신다는 하나님을 향해 나를 좀 살리라는 한마디를 직접 해달라고 상당 시간 외쳤습니다. 끝내 한마디도 없기에 "그럴 줄 알았습니다. 지금까지 한마디도 없었는데 이때라고 하시겠습니까? 누구에게는 잘해주고 나한테는 이러기입니까? 실망입니다"라고 하면서 탈진해 낙심과 허탈감에 빠졌습니다.

주의식과 말씀기도를 포기하려던 찰나 머릿속인지 가슴에선지 손바닥만 한 무언가가 흐릿하게 떠올랐습니다. 성경구절이었습니다. 처음에는 희미하고 작았으나 차츰 가까이 보였습니다.

"우리가 아직 죄인 되었을 때에 그리스도께서 우리를 위하여 죽으심으로 하나님께서 우리에 대한 자기의 사랑을 확증하셨느니라"(롬 5:8).

그런데 이상하게도 내가 이 구절을 바꿔서 말하고 있었습니다.

"내가 아직 죄인 되었을 때, 음란하고, 더럽고, 사람들 사이에서 스타가 되고 싶고, 잔인하고, 연약하고, 미련하고 어리석을 때 그리스도께서 나를 위해 죽으사 하나님께서 나를 향한 자기의 사랑을 확증하셨느니라."

이렇게 읽으니 틀린 구절이 아니라 오히려 정확한 해석으로 다가왔습니다. 고1 때부터 교회에 다니면서 지금까지 하나님을 소개하는 곳을 40년 이상 기웃거렸는데 그분의 성품이 이렇게 좋다는 걸 처음 느꼈습니다.

'훨씬 전부터 외우고 있던 말씀이 30년 동안 잠들어 있다가 왜 이제야 그 맛을 알게 되었단 말인가!'

이런 해석과 생각들을 하자마자 지긋지긋하던 내면의 소리, 아주 오래된 미친 개 짖는 것 같은 소리, 나를 지적하고 정죄하고 찌르던 소리가 사라졌습니다.

주의식과 말씀기도 연습이 가져다준 제대로 된 해석이 가져온 결과가 아니고 무엇이겠습니까? 그때 어떻게 해서 내가 그리도 잘 해석할 수 있었을까! 전에는 이 구절의 "우리"라는 단어가 나를 제외한 다른 사람들이라고 느꼈습니다. 그런데 그날은 나만을 위한 구절로 들어와 구체적으로 해석한 것이 신비롭고 경이로웠습니다.

앞으로 이런 일이 더 많아지길 바라고, 주의식과 말씀기도를 더 훈련하고 싶습니다. 건강을 회복하여 일터로 나아가서도 주의식을 계속 연습하려 합니다.

　-이영재, 2016년 가을 학기

실재(實在)처럼 만난 주님

(중략) 두 번째 훈련은 성경구절에 대해 내가 느끼고 생각하는 바를, 보이지도 들리지도 느껴지지도 않는 하나님께 말을 걸어 당신께서는 어떻게 생각하고 느끼시냐고 묻고 듣는 대화식 말씀기도다. 이는 주 의식보다 훨씬 쉽지만, 나만 말하고 하나님께서 대답해주시는 일은 거의 없어 의무적으로 간단히 하고 있었다.

그러다 한번은 아침에 침대에서 반쯤 일어나면서 카톡에 올라오는 성경 말씀을 스마트폰으로 읽고 있는데, 읽자마자 내가 미처 생각하지도, 느끼지도, 묻기도 전에 성경구절이 투명한 물 혹은 공기덩어리처럼 내 얼굴을 팍 치는 것 같았다.

내가 누웠던 2층 철제침대 아래 칸 오른쪽에선 누군가가 해석하듯 말해주고 왼쪽에선 예수께서 1, 2층 침대를 전혀 부담 없이 투명인간처럼 오가며 서 계신 실제 느낌! 내 평생 잊을 수 있을까!

그날 성경구절은 "말씀이 육신이 되어 우리 가운데 거하시매"(요 1:14)였다. 뒤 문장은 읽지도 않았는데 이 문장 하나가 내 얼굴을 만졌다. 물리적으로 느꼈다기보다는 그보다 더 실제적으로 공기와 물처럼 말씀이 날아와 내 얼굴을 쳤다.

오른쪽에서는 보이지도 느껴지지도 않는 어떤 인격적인 존재께서 "하나님이 네 환경, 약함, 고통, 네가 당하는 유혹을 체험하기 위해서 그리고 결국 너를 구하기 위해서 내려오신 거야"라고 설명했다.

그날 아침, 소리는 없지만 소리보다 더 분명한 어떤 온화하고 부드러우며 보이지 않는 인격적 존재가 말씀, 설명, 해석을 친히 해주시는 것을, 그리고 왼쪽에는 보이진 않지만 보이듯 서 계시는 예수님 같은 분을 느꼈다. 이 놀람과 감격, 감동, 생각, 심정을 어떻게 말로 표현할 수 있을까!

-이영재, 2017년 가을 학기

청년 때부터 시작된 병적인 강박증으로 수십 년간 시달리던 형제는 다양한 심리치료와 기독교 회복 프로그램에 참여했다. 그러다가 3년 전 기쁨의 샘에 들어온 후 지금까지 5학기째 참여하고 있다. 매 학기 하나님과의 놀라운 만남을 체험하며, 삶과 신앙에 대해 무척 어려운 도전적 질문을 정직하게 던지며 주님께 더 가까이 가고 있다.

다스릴 수 있게 된 내면 감정과 현실 상황

(중략) 막상 큰일이 있을 때나 힘든 일이 생기면 주님과 대화하는 게 어느 정도 가능한데, 평소에는 잘 하지 않았습니다. 하나님과 일상의 소소한 이야기를 나누는 것에는 어려움을 느꼈지요. 그러던 중 대화식 말씀기도로 하나님께 마음을 이야기하고 나니 무언가 내 내면이 객관화되어 주님의 시각으로 보이는 것 같았습니다.

성경 말씀을 기준으로 내 생각과 감정을 있는 그대로 멀찌감치 놓고 보니 감정 조절이 되고 냉정하게 상황 판단을 하면서 그 상황을 성경적으로 재해석할 수 있었던 것 같습니다.

내 내면과 상황과 사람들을 내 시각이 아닌 하나님의 시각으로 보는 것이 훨씬 더 구체적으로 되었고, 마음도 안정되었지요. 이전에는 어려운 상황을 흥분한 채 받아들였지만 이제는 차분하게 분별력을 갖고 생각할 수 있었습니다.

또한 성경 말씀을 도구로 삼아 대화하니 깊은 내면이 움직이는 듯했습니다. 내게 붙어있던 거짓의 영들이 조금은 거리를 두고 멀찍이 도망가는 것처럼 느껴졌습니다.

-김재희, 2017년 봄 학기

오늘 여기서 살아가는 부활의 삶

내 삶 속에서 하나님을 크고 작게 경험했지만 그런 감격들이 오래 가진 못했습니다. 그러면서도 하나님을 진짜 만난 사람은 확 변할 거라는 생각을 놓지 못했습니다. 그래서 주님 안에서 느리게 변하고 있는 현실에 안정된 믿음을 갖지 못하고 늘 반신반의하는 마음으로 살았습니다.

하나님께서 분명 함께하심에도 불구하고 처음 기쁨과는 다르게 감흥이 지속되지 못했습니다. 기쁨의 감격은 있었으나 지속성이 없었습니다. 마음 한구석엔 늘 풀리지 않는 하나님께 대한 궁금증이 많았습니다.

이런 와중에 이번 기쁨의 샘에 참여하면서 가장 크게 얻은 건 '말씀기도'였습니다. 그동안 성경을 일방적으로 읽기만 하고 QT나 남이 깨달은 것만 수용했는데, 말씀기도는 달랐습니다. 말씀을 중심으로 주님과 친구처럼 글이나 마음을 주거니 받거니 이야기를 시작했습니다.

그러면서 삶의 소소한 문제들을 모두 이해하기 힘들어도, 해결이 안 되더라도, 주님께서 내가 알아들을 수 있고 이해할 수 있게 해주셨습니다. 땅의 현실은 요동쳐도 마음은 이상하리만큼 평강을 누리기 시작했습니다.

예수님을 영접하면 자동으로 따라오는 옵션 같은 구원, 죽으면 갈 수 있는 것으로 생각했던 천국은 늘 잡힐 듯이 잡히지 않았습니다. 그러나 바로 그 천국의 삶이 오늘 이 땅에서 가능하다는 걸 조금씩 체험했습니다. 오직 믿음으로 오늘 내 곁에 계신 하나님과 함께 걸으며, 하늘의 현실로 땅의 현실을 다스려갈 수 있다는 사실을 깨달았습니다.

　-이선화, 2016년 가을 학기

주님께 더 가까이

(중략) 내게 많은 은혜가 되었던 건 대화식 말씀기도입니다. 그동안 성경을 읽을 때면 1독을 목표로 읽었고, 큐티를 할 때면 주어진 단락을 이해하고 그 안에서 하나님을 발견하고 적용하는 것으로 마무리해 왔습니다.

그런데 말씀기도는 많이 달랐습니다. 마음에 와닿는 말씀을 가지고 하나님과 대화하듯 믿음으로 이야기를 주고받고, 마음의 내용들을 글로 적어가며 나의 감사와 질문들을 기록하거나 떠오르는 아버지의 마음을 번갈아 기록하면서 말씀 한 구절에 얼마나 많은 그분의 사랑, 기쁨, 은혜가 담겨있는지를 새롭게 경험했습니다.

아침에 시작하는 말씀기도는 보통 30분을 훌쩍 넘깁니다. 말씀을 씹고 또 씹으며 아버지의 마음에 집중하니 하나님 뜻이 마음 판에 새겨지듯 합니다. 읽고 뒤돌아서면 잊어버리던 내 기억력이 오후가 되었는데도 묵상한 말씀들을 떠오르게 합니다. 정말 기뻤습니다.

-이지혜, 2016년 가을 학기

어쩌면 늘 혼자였는지 모릅니다.
가족과 친지와 동료가 있고,
많은 이들이 내 곁을 스치지만
고통과 어려움이 파도처럼 밀려올 때,
늘 혼자라고 생각했습니다.
그래서 이 땅을 떠날 때도
혼자일 거라고 여겼습니다.

그래서 늘 혼잣말로 기도했는지 모릅니다.
"내가 너와 함께 있겠다"라고 약속하신 분 앞에서 기도할 때도
대화가 아니라 혼잣말로,

시선은 떨군 채
앞에 계신 주님 얼굴을 바라보지도 못했습니다.
한없이 쪼그라들 때마다
"내가 도대체 누구라고!" 투덜댔습니다.
돌아온 대답은 "내가 너와 함께 있겠다!"[15]였지요.
"동문서답, 말도 안 돼. 내가 도대체 누구냐고요?"
미소 띤 대답은 "너는 어느 아무개가 아니다.
나와 함께 있는 자다!"였지요.

그러던 어느 날 주님은 말씀하셨습니다.
"보이지 않는 내가 보이는 모든 것들을 지었고,
들리지 않는 내가 들리는 모든 소리를 담았으니
보이는 것보다 더 선명히, 들리는 것보다 더 분명히
네 앞뒤 좌우에 선 나를 보고 들어야 하지 않겠니?"

---

15 "내가 누구기에(Who am I?) 바로(Pharaoh, 이집트 왕)에게 가며 이스라엘 자손을 이집트에
서 인도해내야 합니까?" "내가 너와 함께하겠다. 네가 백성을 이집트에서 인도해낸 후에
너희가 이 산에서 나를 섬길 것이다. 바로 이것이 내가 너를 보내는 증거가 될 것이다."
출 3:11,12

그날 이후 서툴지만 솔직하게
제 느낌과 질문을 주님께 던졌습니다.
횡설수설, 좌충우돌, 동문서답 가득한 이야기를
주님은 다 받아주셨지요.
당신의 사랑과 진리, 지혜와 훈계,
격려와 나무람을 따라 이야기를 이어갔습니다.

그리고 알게 되었습니다.
'사랑 때문이었구나, 임마누엘!16
사랑하기 위해 그랬구나, 임마누엘!'
우리의 첫사랑은 그렇게 시작되었습니다.
이후에는 어느 때나 어디서나
혼자라도 혼자가 아니었습니다.

---

16 임마누엘(Immanuel) = 우리와 함께 계신 하나님

참고 도서

1. 구인유, 《아바의 팔베개》, 두란노, 2012

2. 구인유, 〈사자(獅子) 수레바퀴〉, 성경적 집단상담 '기쁨의 샘' 인쇄본, 2015

3. 이경용, 《말씀묵상기도, 현대인을 위한 렉시오 디비나》, 스텝스톤, 2010

4. 허성준, 《수도 전통에 따른 렉시오 디비나 2》, 분도출판사, 2012

5. 허성준, 《수도 전통에 따른 렉시오 디비나 1》, 분도출판사, 2014

6. 엔조 비앙키, 이연학 옮김, 《말씀에서 샘솟는 기도》, 분도출판사, 2001

7. 잔느 귀용, 최재훈 옮김, 《하나님을 경험하는 기도》, 엔시디, 2003

8. 앤드류 머레이, 임종원 옮김, 《하늘 문을 여는 기도》, 프리셉트, 2008

9. 로자린드 링커, 유화자 옮김, 《대화식 기도》, 생명의말씀사, 2009

10. 짐 와일더, 에드워드 쿠리, 크리스 코시, 쉴리아 서튼 외, 윤종석 옮김,
    《기쁨은 여기서 시작된다》, 두란노, 2015

11. 짐 와일더, 손정훈, 이혜림 옮김, 《임마누엘 일기》, 토기장이, 2016

검토 도서

1. 강인훈, 《말씀 그대로 기도하라! 기적이 일어난다》, 베다니출판사, 2014

2. 김양재, 《100프로 응답받는 기도》, 두란노, 2017

3. 김현미, 《말씀애 기도애》, 두란노, 2013

4. 이의수, 《말씀으로 기도하는 남자》, 두란노, 2014

5. 지용훈, 《말씀으로 기도하라》, 규장, 2013

6. 홍광선, 《내적치유를 위한 프롤레마 말씀기도》, 부크크, 2016

7. 조디 번트, 지영순 옮김, 《자녀를 위한 말씀기도》, 미션월드, 2009

8. 지니 마일리, 김인화 옮김, 《침묵기도(하나님의 임재를 경험하는)》, 두란노, 2002

9. 베스 모어, 서은재 옮김, 《주의 말씀, 내 기도가 되어》, 좋은씨앗, 2005

10. 존 파이퍼, 전의우 옮김, 《기도를 훈련하라》, IVP, 2013

대화식 말씀기도

초판 1쇄 발행   2019년 4월 8일
초판 4쇄 발행   2023년 2월 13일

지은이   구인유

펴낸이   여진구
책임편집   김아진 정아혜
편집   이영주 박소영 최현수 안수경 김도연
책임디자인   마영애 | 노지현 조은혜 이하은
기획·홍보   진효지
마케팅   김상순 강성민   마케팅지원   최영배 정나영
제작   조영석   경영지원   김혜경 김경희 이지수

303비전성경암송학교 박정숙
이슬비전도학교 / 303비전성경암송학교 / 303비전꿈나무장학회

펴낸곳   규장

주소 06770 서울시 서초구 매헌로 16길 20(양재2동) 규장선교센터
전화 02)578-0003   팩스 02)578-7332
이메일 kyujang0691@gmail.com   홈페이지 www.kyujang.com
페이스북 facebook.com/kyujangbook   인스타그램 instagram.com/kyujang_com
카카오스토리 story.kakao.com/kyujangbook
등록일 1978.8.14. 제1-22

책값 뒤표지에 있습니다.
ISBN 978-89-6097-576-7 03230

규 | 장 | 수 | 칙

1. 기도로 기획하고 기도로 제작한다.
2. 오직 그리스도의 성품을 사모하는 독자가 원하고 필요로 하는 책만을 출판한다.
3. 한 활자 한 문장에 온 정성을 쏟는다.
4. 성실과 정확을 생명으로 삼고 일한다.
5. 긍정적이며 적극적인 신앙과 신행일치에의 안내자의 사명을 다한다.
6. 충고와 조언을 항상 감사로 경청한다.
7. 지상목표는 문서선교에 있다.

하나님을 사랑하는 자 곧 그의 뜻대로 부르심을 입은 자들에게는 모든 것이 合力하여 善을 이루느니라(롬 8:28)

Member of the
Evangelical Christian
Publishers Association

규장은 문서를 통해 복음전파와 신앙교육에 주력하는 국제적 출판사들의
협의체인 복음주의출판협회(E.C.P.A:Evangelical Christian Publishers
Association)의 출판정신에 동참하는 회원(Associate Member)입니다.